心經三法印經變圖

釋拾得

推薦序

落葉隨水流，孤峰月正明

覺風佛教藝術文化基金會　釋寬謙

二〇一一年時值民國百年，覺風佛教藝術文化基金會為馬來西亞亞庇「寂靜禪林」住持開印法師，在新竹市及高雄市文化局，舉行「百福莊嚴」書印陶展。當時為了展覽會，安排了三場座談及演講，其中一場「一毛端中」演講，即是禮請拾得法師前來演講，但是我正好有其他地方佛法課程同時進行，所以與拾得法師失之交臂。

相見恨晚

沒有想到這一別，就一直等到二〇一四年初，法師於鶯歌「華陶窯」舉行「法的禮物」書畫陶印展，開印法師領著我們一群法師及居士們，到達會場欣賞拾得法師的大作。當時我被拾得法師的創作品震懾，這不就是緊密結合佛教修行與藝術創作的作品嗎？我們覺風基金會向來推廣、結合佛教修行與佛教藝術不遺餘力，這不就是佛教藝術的經典之作嗎？這是透過佛教修行，內觀自省後流露出來的作品，自然有感動人心的力量，當時我與拾得法師真有「相見恨晚」之憾！

相知相惜

同年十二月份，「新竹市中華花藝協會」於新竹市美術館排有檔期，想要找覺風基金會合辦展覽會，我想如果結合拾得法師的書畫陶印展，豈不美哉？於是找拾得法師商量，沒有想到一拍即合。其實法師於七、八月去緬甸禪修之前，半年內竟創作了上百件作品，可見法師的創作力之旺盛。拾得法師「如如實相印」書畫陶印展，搭配法師的三場演講，反應熱烈！

二〇一五年九月起，我們安排法師到北投覺風學院，開設「從禪出書，從書入禪」課程，正想從法師的專長：書法與禪修兩大項中挖寶，讓台北居士們更熟悉拾得法師，並向法師學習。二〇一六年一至二月份，拾得法師「晝夜吉祥」書畫陶印展就在北投覺風學院開展，前幾天的佈展，將大殿瞬間變成美術館，並舉辦「旃檀茶席」與民歌演唱，於綠地中舉行自助餐，整個寒假一個多月展覽會，搭配茶席、花宴、古琴、演講、座談，度過一個文化氣息濃郁的新春年華。

二〇一七年四至五月，我們登陸新加坡大悲中心舉辦拾得法師「法燈無盡」書畫陶印展，事先拾得法師的創作、裝裱、印畫冊，加上相關的花器、展示櫃、書籍等等，滿滿一貨櫃到新加坡，動員了約三十多位居士及故宮導覽志工。這回展覽會搭配八關齋戒、弘法課程及浴佛節法會，克服當地文化差異，也是將展覽會辦得有聲有色，成績斐然！拾得法師雖然處於相當西化的華人與佛弟子們圈當中，還是相當具有魅力！

二〇二〇年一至二月，我們非常歡喜再度於北投覺風學院舉辦拾得法師「喜覺支」三法印展，並結合台北市S7美術館共同舉辦，雖然處於疫情初期，卻也無太大的影響，仍然交出了不錯的成績單。

共同旅行

我們除了四度為拾得法師舉辦展覽會，覺風基金會還舉辦四大名山、日本、韓國、斯里蘭卡等朝聖之旅，拾得法師也與我們同遊二〇一五年的「五台山、雲岡石窟」之旅，二〇一六年我藉著弘法之便，邀請法師同赴澳洲及紐西蘭。二〇一八年底馬來西亞寂靜禪林二十周年慶，我們也一起參加慶典。二〇一九年暑假的「山東青州佛像之旅」，這趟造訪古佛的啓發，法師得到許多創作靈感。拾得法師這些年來也同時遍遊中國、美國、歐洲，參觀著名的世界名畫，並且開展覽會，非常豐碩。

書法禪會

二〇二〇年起疫情肆虐，三至六月台灣各行業幾乎停擺，我們稍稍得以喘息，正好拾得法師肯為我們六位出家人及八位在家弟子們，以遠距教學的方式，開始教授書法，下半年度又多收了八位在家弟子。由於法師教學很有章法，因此我們比較容易進入狀況，沒想到我們步入年邁之際，還能享有學習書法的喜悅，真是難得可貴。以下，我就本書拾得法師的自序中，摘錄整理出法師於佛教書畫陶印的創作軌跡與歷程，以饗讀者。

技藝養成

拾得法師生長於清寒的家境，卻因此而愈挫愈奮，十六歲北上求學，為解決生計而雕鑿數以萬計「萬壽無疆」的酒瓶土胚，無形間喚醒法師宿世的篆刻習性，尤其在經濟無慮，特別專注而自在，成為安住身心的一種享受。如同法師所言：「這種撼動深植心田，這樣的平穩靜定，讓我鑿痕將近五十年。」

法師踏入國立藝專，洪敬雲學長的啓蒙與敦敦教誨，還有薛平南老師及鄭多鏗、陳宏勉師兄等善知識的引薦，認真地與梁乃予老師學習。法師尤其喜歡吳昌碩的書法與篆刻，以刀代筆，篆刻出濃厚的墨韻。至此，法師本來就極具天分，又非常努力，已然練就一身技藝。記得家父楊英風先生曾說：「先具技藝，放下技藝，提升意境，才能邁向藝術之道。」

意境提升

接著法師的母親生病，法師事母至孝，為照顧母親的休學期間，遇見影響法師一生書法水墨的入迂上人。師言：「意在筆先，胸中先要有丘壑，把近期臨帖的心境，運思落筆，將古之神韻帶入創作中。」並常說：「師古、參造化、擬己意。」師以當下的筆墨，實踐古人理論，時而轉腕運筆，如金石氣味，有刀有筆；時而逆筆圓轉，如蜻蜓點水筆筆無痕。並出新意於法度中，此新意以佛學禪理之戒定慧為依歸，久而孕育成獨坐筆墨外，而將筆墨禪機鎔鑄一體的個人風格。

放下世俗

一九九一年深秋，法師落髮為尼，依佛教誡，屏息世俗技藝。法師以聞思修，專精修學戒定慧。法師如守護油鉢，善攝身心，住四念處，一心繫念三寶，極少與師友往來。一九九九年九二一大地震，震醒了法師的藝術細胞，法師以出家第一次個展，「說是一物即不中」敘述出家十年心境。之後，四處參學，依佛陀入滅前的開示，以戒為師，依四念住處，入三菩提心。

禪藝共融

法師以四念處為修行基本功，坐禪行禪生活禪，反反覆覆時時刻刻學習正念相續，也學習弘公藉《法華經》句，說明自己的書法就是佛法，非思量分別能解。法師的創作當下身、心、境三合一，無有能所，如如實相，法爾如是，由禪入書，生活禪也。法師學習弘公精神，續佛法燈，念處禪修，「以禪入書」將佛陀本懷藉由書、畫、印的創作「從書出禪」「以禪入印」。法師篆刻以佛像或圖騰融入，如同微版畫，更以水墨畫及書法詮釋經文，形成現代版的書、畫、印三法印。

逆轉生理

以上歸納拾得法師的創作歷程與特質。法師有青光眼疾，有一兩年幾乎是無法篆刻，但篆刻是法師書畫陶印作品中，最為精華、最具生命力。去年最讓我震驚的是法師竟然能逆轉生理機能的退化，這完全是法師扎實修行工夫的展現，不僅《心經》全套篆刻完成第四套，第五套目前仍在進行中，而且今年的展覽會，還另外篆刻了上百件作品，實屬不易。竟然有人請問法師，是否請人代工篆刻？如此珍貴的篆刻藝術品，真能請人代工嗎？

佛藝之光

去年（二〇二〇）七月，覺風基金會因緣際會收藏了拾得法師第四套《心經》篆刻，其實我於二〇一四年展覽會中，心中早已發願，當我們覺風基金會有能力時，一定要收藏一以佛像或圖騰融入如同微版畫，更以水墨畫及書法詮釋經文，形成書畫印三法印經變圖。這套拾得法師的《心經》篆刻，是覺風佛教藝術學院的鎮院之寶。

今年四至五月，法師於彰化「生活美學館」，盛大舉行了「六六信願行——拾得書畫刻三法印展」，開幕當天冠蓋雲集，人山人海，上千人參與盛會。開幕前許多篆刻與書畫作品，早已經被同學與居士們事先預定了，整個展覽會的作品也幾乎全部都被請購一空，可見許多人對作品的感動與相應。

拾得法師藝術創作與佛教義理與禪修緊密結合，經過深觀禪修，透視到生命的本質，自然會感動善士法友，可謂現代佛教藝術創作的上乘之作，也必然會留名青史。

自序

刀筆道同還至本處

釋拾得

那一年國中畢業，家境清寒的我，北漂半工半讀，晚上讀復興美工夜間部補校，白天在陶瓷廠工作。

第一天上班的時候，主管拿了一個印有「萬壽無疆」的酒瓶土胚，要我試著刻。就在十六歲的這一年，我拿著平口刀刻下生平的第一刀，也是影響一生的第一刀。當刀觸土時，產生的鏗鏘響聲及崩裂的感覺，讓我毛骨悚然，內心澎湃震撼，如六種震動，至今仍歷歷在目。這種撼動深植心田，這樣的平穩靜定，讓我鑿痕將近五十年。

主管看到我刻的第一刀，感覺我有天分，非常高興地告訴我，你可以來上班了。剛開始，照著模子刻，論件計酬，一個素胚大約刻八分鐘，五毛錢，不眠不休地加班，一天最多刻二百個共一百元。因為隻身北漂，當時的房租一個月五百元，剛開始在電子公司上班一個月七百元，後來還在台北火車站送報紙，還是沒辦法平衡生活，所以改來陶瓷工廠，論件計酬日夜地刻陶瓷。

刻著刻著速度快、刀法準，一天可以刻四百多個，由於身心專注，加上不必煩惱經濟壓力，刻著刻著成為一種享受，而不覺得疲累。

在復興美工夜間部，我認識了大我一屆的洪敬雲學長，每次上素描課的時候，我看學長比例畫得非常精準，筆觸色塊層次分明細膩精緻，後來請同學介紹，成為洪敬雲畫室第一個學生。他是讓人尊敬的一位兢兢業業辛苦認真的好青年，白天他在工作室重複地畫油畫外銷畫，晚上讀復興美工夜補校，下課回畫室教導我及自己創作至凌晨。洪老師為了自己跟家人的生活，瘦小多病，後來考上師大美術系夜間部。他常跟我說他小時候的故事，要我多讀多臨摹世界名畫及畫家傳記，所以一有空我們就去寫生或去陳景容老師畫室畫模特兒，由於洪敬雲老師的啓蒙及諄諄教誨，我好像回到童年生活，心胸遼闊寬廣，喜歡大自然光影水氣多彩的變化。

由於白天刻畫陶瓷，晚上學校美工或畫油畫水彩素描，下課後又去老師家畫畫，所以我整個高中補校四年的生活及工作都是跟藝術有關，至今我還深深緬懷這辛苦又美好的學生生活，而且這樣的學習與生活影響我的一生。

後來進入藝專，由於對刀的懷念，經薛平南老師及多鏗、宏勉師兄的引薦入「意古樓」門下，我非常珍惜而且認真跟隨梁乃予老師，次第依循學習漢印古鉢乃至瓦當封泥、明清印人各家風格。我尤其喜歡吳昌碩，吳昌碩一生刻了不少印，常不磨刀，喜愛用圓渾鈍刀，鑿鐫如封泥、瓦當、漢磚的粗放蒼茫，以刀代筆篆刻出濃濃厚厚的墨韻。

我也學習以書入印，或融入大篆金文與吳昌碩石鼓篆趣，或以圓口鈍刀中鋒對線直刻，行刀如行筆，一波三折，時而衝切，時而轉埋，就石性隨刀意，身心抖擻鏗鏘鏗鏘。我經常有意無意在字與字間，或字與線格的留紅處，鑽三聚五地鑿刻金石斑駁點綴，增加古趣，在「意古樓」學習期間更感動師母如親人般的無微不至的照顧。

因為母親生病，一年級下學期就休學，照顧母親期間，不可思議地認識了影響我一生書法水墨畫的入迂上人。

師教授書畫，皆不以常態之教授法。有時興之所至，大筆一揮，磅礴蒼勁，濃淡焦濕，縱橫提按，悠揚透澈，剎那間，一幅對聯渾然天成。然後要我也寫一幅，我提起顫抖的腕背，渾沌揮筆。師言：「意在筆先，胸中先要有丘壑，把近期臨帖的心境，運思落筆，將古之神韻帶入創作中。」

有時見師以長鋒羊毫沾滿水墨，沉著穩健地以積墨、破墨，如捽、如擢地皴擦點染，初看筆不筆墨不墨，只見師胸有成竹地大膽落筆細心收拾，兩次三番筆與墨會，層層疊疊慘澹經營，用意積成樹石山雲。就這麼，從清晨至黃昏。師以當下的筆墨，實踐古人理論，時而轉腕運筆，如金石氣味，有刀有筆；時而逆筆圓轉，如蜻蜓點水筆筆無痕。並出新意於法度中，此新意以佛學禪理之戒定慧為依歸，久而孕育成獨坐筆墨外，而將筆墨禪機鎔鑄一體的個人風格。

一九九一年深秋，我入深山，落髮為尼，依佛教誡，屏息世俗技藝，擇阿蘭若，以聞思修，專精修學戒定慧。

我戰戰兢兢如守護油鉢，善攝身心，住四念處，一心繫念三寶，極少與師友往來。直到九二一大地震，震醒了我的藝術細胞，經中說的世間無常國土危脆，是親眼所看，山石崩裂、殘垣斷壁、驚天動地的慘烈狀況。因為處在震央的我，心中想要表達這種自然的大力量，於是就請多鏗師兄寄刀石給我，刻了我出家後第一個印「如來有大力」，地震當下我是靠著如來的大力安住身心的，「如來有大力，如法而將去，如法將去者，汝等何有懼」。內心在這種念住的力量下，恐懼就消融了，原來地震就只是一個名詞而已，當下內心光明自在。

事後因為地震導致精舍有一些破損，於是有了出家第一次個展，「說是一物即不中」，敘述出家十年心境。之後四處參學，依佛陀入滅前的開示，以戒為師，依四念處為住。於是我以四念處為修行基本功，坐禪行禪生活禪，反反覆覆時時刻刻學習正念相續，也學習弘公（弘一法師）藉《法華經》句，說明自己的書法就是佛法，非思量分別能解。又說：「金石無古今，藝事隨時新，如如實相印，法法顯其真。」藝術創作當下，是深入生命本質的，是離名言相的，能透視生命本質藝術創作者，創作出來的藝術品，沒有古今中外時空的隔閡，也沒有好壞美醜的分別。創作當下身、心、境三合一，無有能所，如如實相，法爾如是，由禪入書，生活禪也。

所以弘公在寫給其弟子劉質平的信中常提到：「余甚願為書寫，病體復元幾經續書寫字，朽人近來精力衰頹，尚有未寫者，今奉上，承施資。」弘公以書滋養內外身心，也是托鉢。更說：「以是書寫經典，流傳於世，令諸眾生歡喜，受持自利利他，此乃同趣佛道，非無益矣！」

今拾得學習弘公精神，續佛法燈，念處禪修，「以禪入書」將佛陀本懷藉由書、畫、印的創作「從書出禪」，「以禪入印」。令護持善士法友觀賞之餘，歡喜受持，同趣佛道。

震後，深體生命無常苦短，於是發願書抄《心經》三百通及篆刻《心經》，迴向蒼生遠離一切身心之苦。

《心經》是釋尊開示照見五蘊皆空，度一切苦厄的究竟心要。拾得三十歲以前為母親刻第一套《心經》。二〇〇五年到二〇一〇年刻第二套，六十歲那年刻第三套，六十三歲刻第四套，今年六十六歲刻第五套，五十三枚心經經句，以佛像或圖騰融入如同微版畫，更以水墨畫及書法詮釋經文，形成書畫印三法印經變圖。

我喜佛造像，喜原始的古印度犍陀羅佛像的古樸沉靜，及融入中華藝術文化，與生活自然的魏晉南北朝鑿工，所鑿刻的佛造像，清瘦典雅，自然自在；更喜隋唐盛期佛造像的豐潤莊重，乃至吳哥窟的微笑菩薩造像……，近年法喜青州佛菩薩造像。觀照古佛造像，可以讓我正念對待當下身心所發生的種種剎那生滅變異，而平等接受。漸進令身心清淨，解脫煩惱。這就是佛法。

而走在這條路上的人就是行者，這樣的古仙人道，是究竟佛果菩提的成佛之道，也是我想要篆刻表達的內容，或刻行者在行住坐臥日常生活中的覺知醒悟，或刻行者在林中水邊，日夜精進行禪坐禪之體悟，或刻阿羅漢或刻慈眉之菩薩造像，或刻已經成佛的如來莊嚴尊貴圓滿造像。也有篆刻經句在佛陀或行者的身心袈裟中。也常在印身鐫刻的四面的《心經》經文，有篆隸楷行各種不同字體，也有在印身四面，以刀代筆憶懷鐫刻佛陀或行者，在雪山或在茅野或在石窟或在法舟上或在菩提樹下種種的不同修行軌跡。

在我篆刻快五十年的漫長歲月裡，技法的鍛鍊是放下的，「以禪入印」，「從印出禪」及平常的生活禪，湛然淨化身口意，行深般若波羅蜜多的當下，我即篆刻篆刻即我，不一不異，行刀當下內心平靜安樂自在無憂。

為什麼小小一枚石頭，能讓我喜愛五十多年？或許如同科學家說的「全息論」，任何微小粒子、原子、分子……的部分都包含整個宇宙的全部信息。方寸篆刻藝術裡也涵蘊著宇宙生命的本質。

三千年前的釋尊也說：「於一毛端，現寶王剎。」無量無邊的世界，皆在一毛端中；小中有大，大中有小。篆刻藝術亦復如是。

每次問禪師說，為什麼我每一次禪修回來更熱愛我的工作？禪師分析說，留名青史的藝術作品，都透視到生命的本質，透視到生命本質的正念當下，沒有空隙讓煩惱進來，所以就會很快樂，這是一種禪定的智慧快樂，但創作的藝術家，在不創作的當下常常有煩惱進來而沒辦法解脫，這就是聖人跟凡夫的差別。聖人念念（潛意識中）都在正念的生命本處當下，而凡夫時好時壞，所以就會造善惡業，周而復始輪迴不息，層層積累果報自受。

就像到最高的山頂上置身事外，才能看清自己跟別人的身心原況，也就是在「因」地修行，而不是在「果」上打轉。

「念新新念」，每一個的念頭當下都是新的，就是重新的一個念頭。反覆練習的時候若沒有「還至本處」，容易落入了重蹈覆轍的習性，就跟刻印畫畫一樣，沒有一筆或一刀是重複慣性的，要透視到每一筆都是從正念中剎那生滅新的一筆，這樣畫畫當下就是禪修修行了，所以工作時若能正念直觀當下，就是「還至本處」自在快樂的生活禪。因為在完全的正念中沒有空隙讓煩惱進來，潛意識裡頭的善法就會一直擴展融化了整個深層的內心，而不會有惡念生起讓顯意識去造惡業（動身口），所以自在快樂。每個人的佛性都是一樣的本處，只要我們的純淨正念跟佛菩薩的純淨等持，此刻我們的內心就是佛菩薩，也就是每個人的潛意識深處可以開發純淨的「佛性」本處。正念當下即還至本處。

最後，感恩三寶弟子傳詳闔家的淨資付梓出版《心經三法印經變圖》。將此流通功德迴向一切蒼生遠離身心之苦。祈願祝禱傳詳闔家，身心安康，慈悲般若圓滿無量。

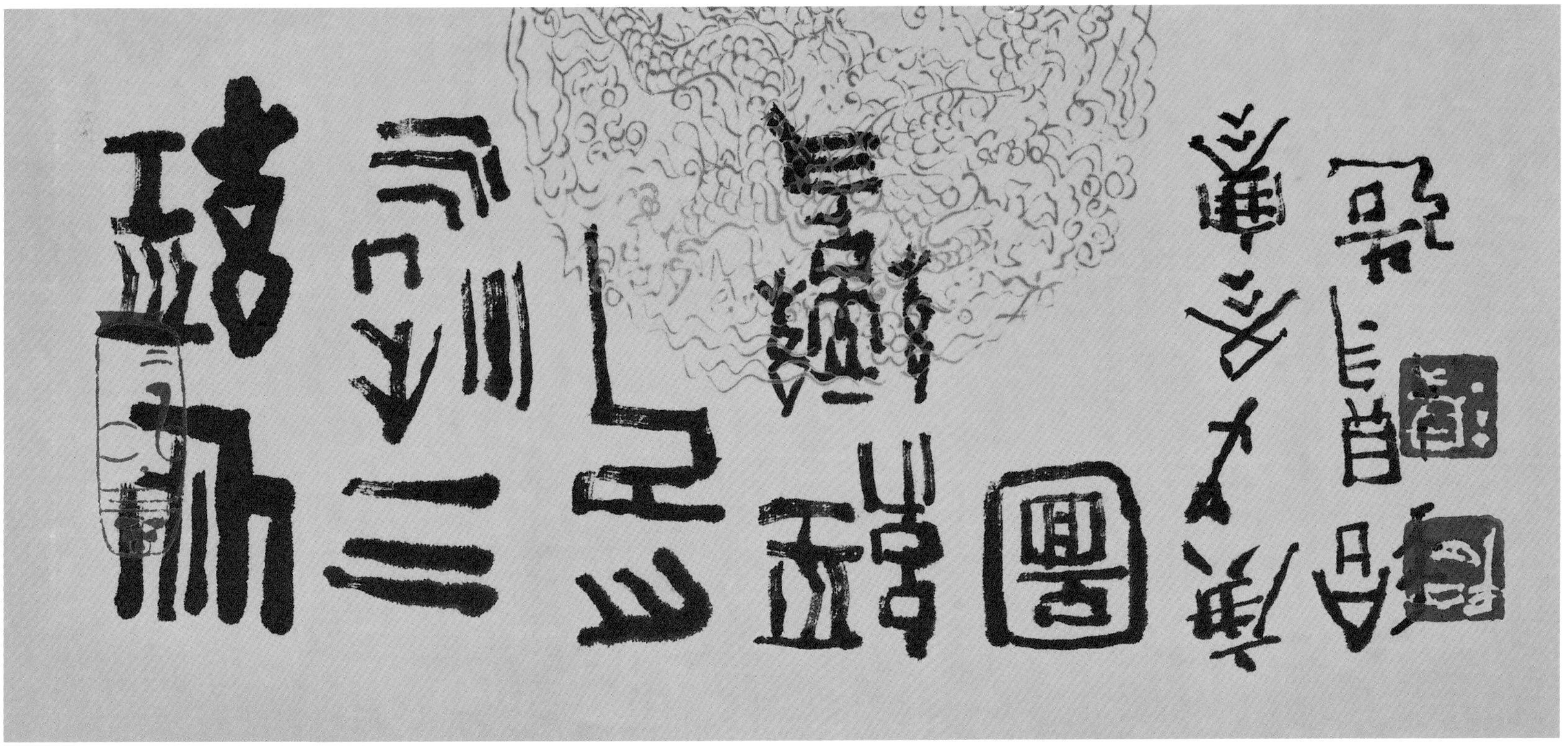

般若波羅蜜多心經
觀自在菩薩行深般若波羅蜜多時照
見五蘊皆空度一切苦厄舍利子色不異
空空不異色色即是空空即是色受想行
識亦復如是舍利子是諸法空相不生不滅

不垢不淨不增不減是故空中無色
無受想行識無眼耳鼻舌身意無色
聲香味觸法無眼界乃至無意識界
無無明亦無無明盡乃至無老死亦
無老死盡無苦集滅道無智亦無得

以無所得故菩提薩埵依般若波羅蜜多故心
無罣礙無罣礙故無有恐怖遠離顛倒夢想
究竟涅槃三世諸佛依般若波羅蜜多
故得阿耨多羅三藐三菩提故知般若波
羅蜜多是大神咒是大明咒是無上咒是

無等等咒能除一切苦真實不虛故
說般若波羅蜜多咒即說咒曰
揭諦揭諦 波羅揭諦
波羅僧揭諦 菩提娑婆訶
西元二千二十年秋 拾得恭造

二〇二

般若波羅蜜多心經

拾得

觀自在菩薩

紫竹林中禪修　二〇二一元旦　拾得三法印

行深般若波羅蜜多時

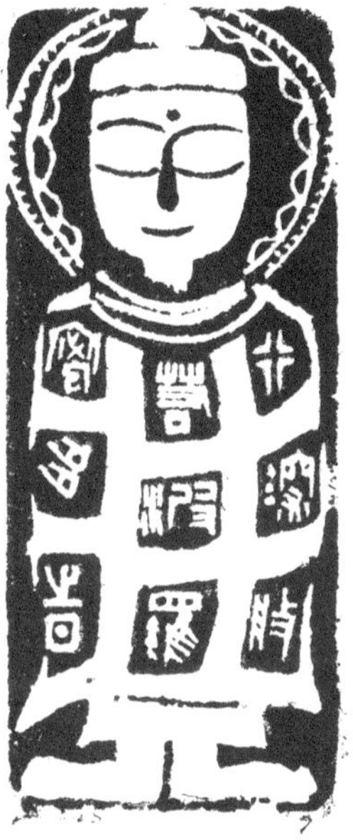

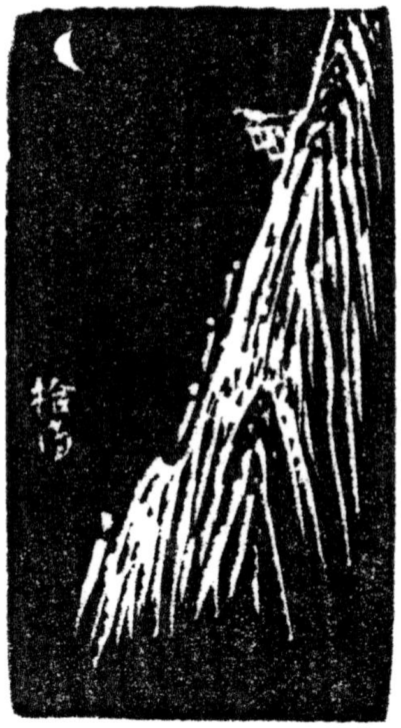

身口意清淨三行　超越身心　如登高頂全觀世間　辛丑春　拾得記

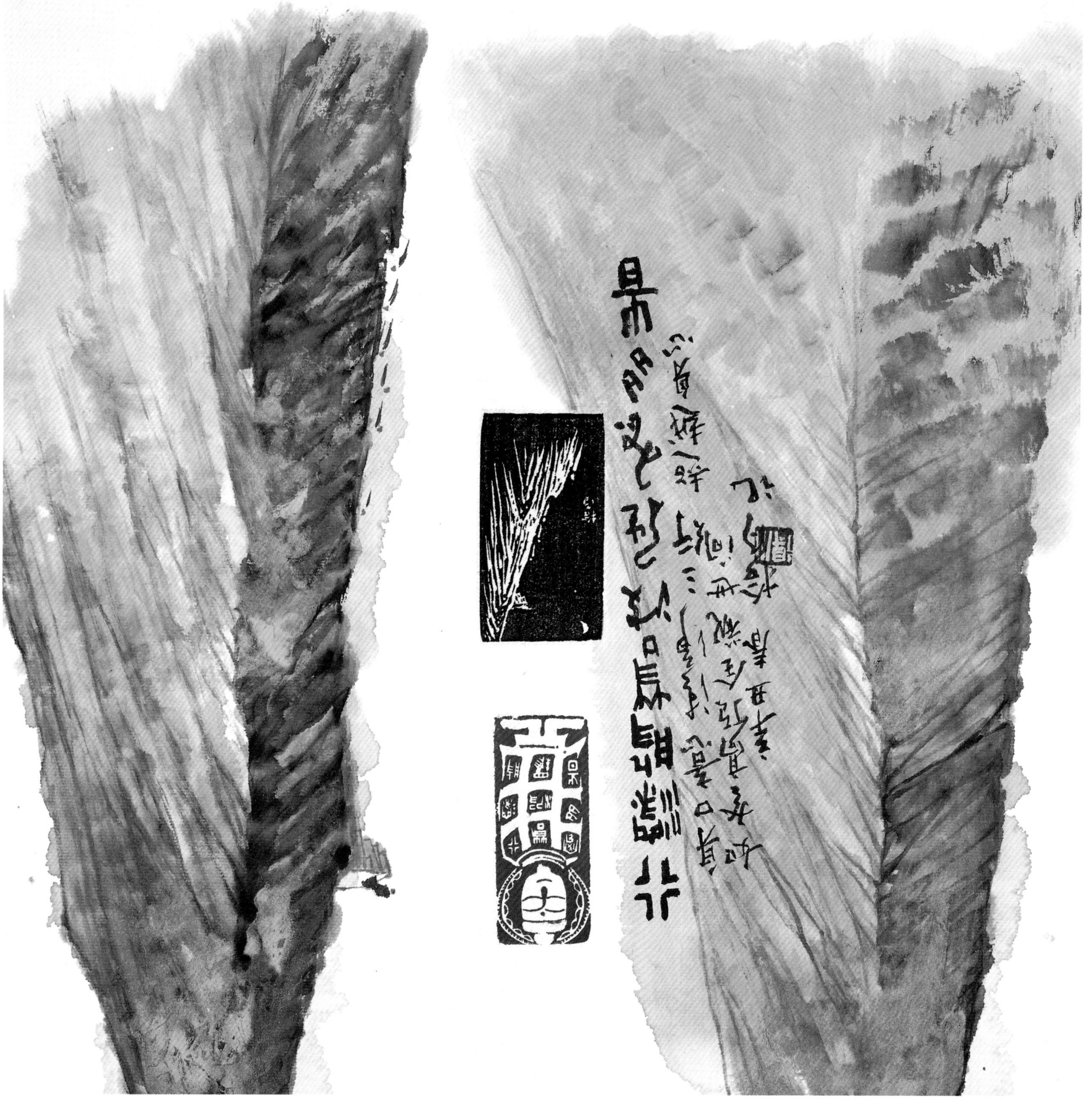

照見五蘊皆空

世尊菩提樹下成道後　以八正道度蒼生令之內觀解脫　辛丑元月　拾得

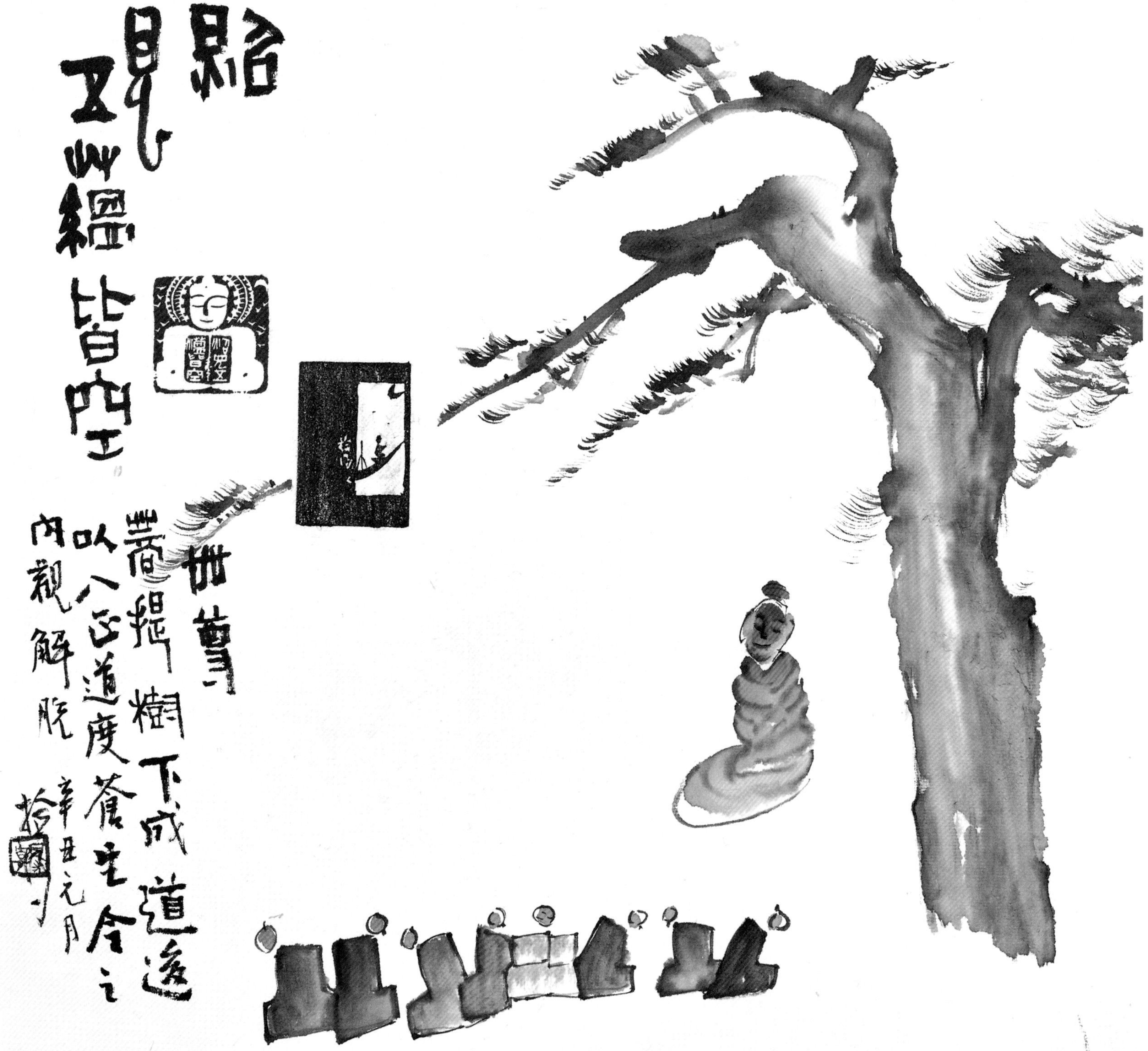
照見五蘊皆空
世尊
菩提樹下成道遂
以八正道度蒼生令之
內觀解脫
辛丑元月

度一切苦厄

乘三法印之法船　能渡彼岸　拾得

舍利子

佛陀十大弟子之一　智慧第一的阿羅漢　二〇二一正月　拾得頂禮

舍利子
佛陀十大弟子之一
智慧第一的阿羅漢
二〇二二巳月 拾得

色不異空　空不異色

空色無礙　空能顯見　無量色法　二〇二一　拾得

色不異空：空不異色

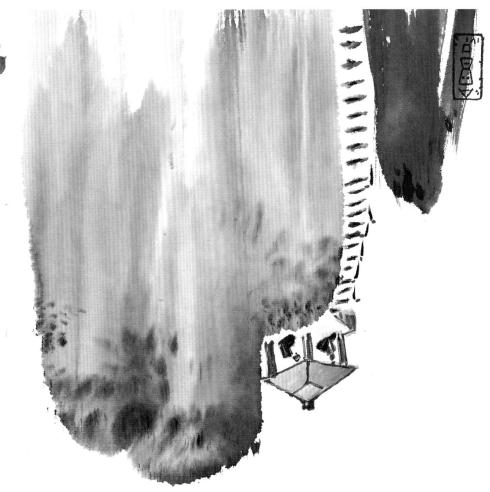

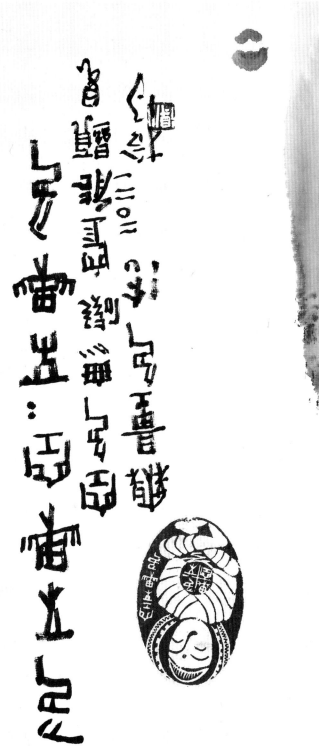

色即是空

空色相即不一　不異自然因果法　二〇二一　拾得

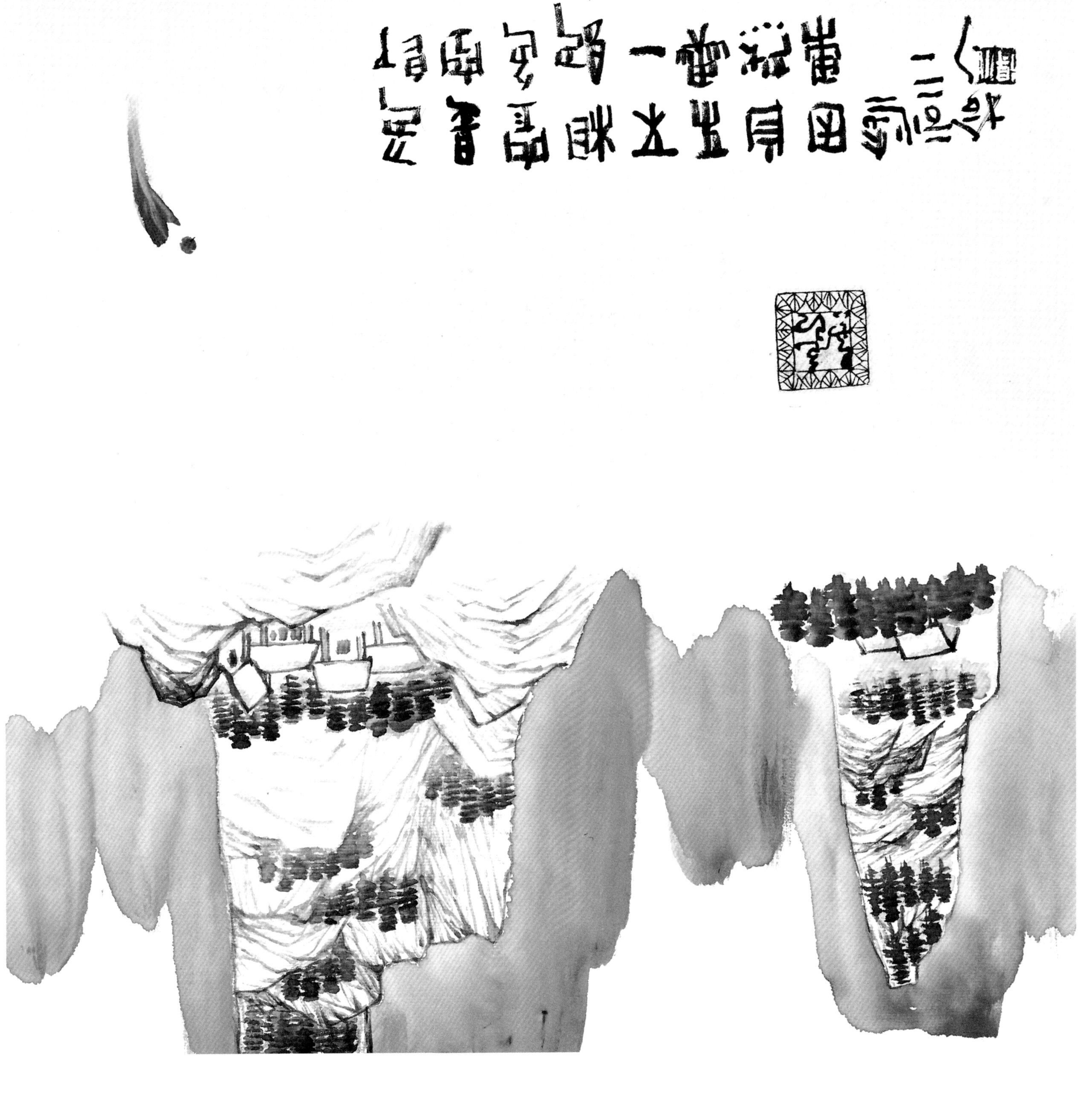

空即是色

因緣有自性空　辛丑春　拾得

空即是色
因緣自性空
辛丑春

受想行識

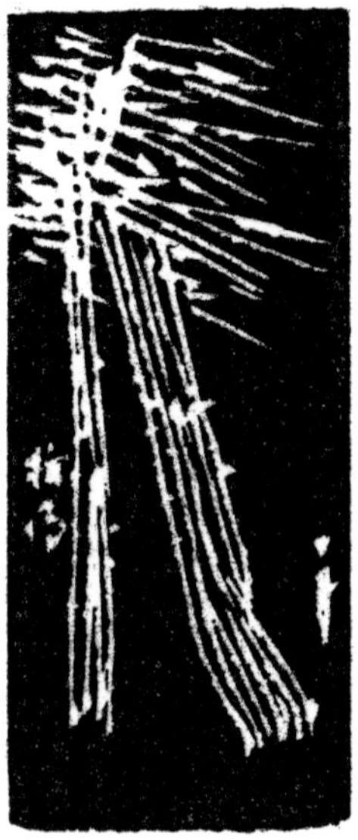

受想行識是精神作用　亦是還滅之主人　二千二十一年　拾得

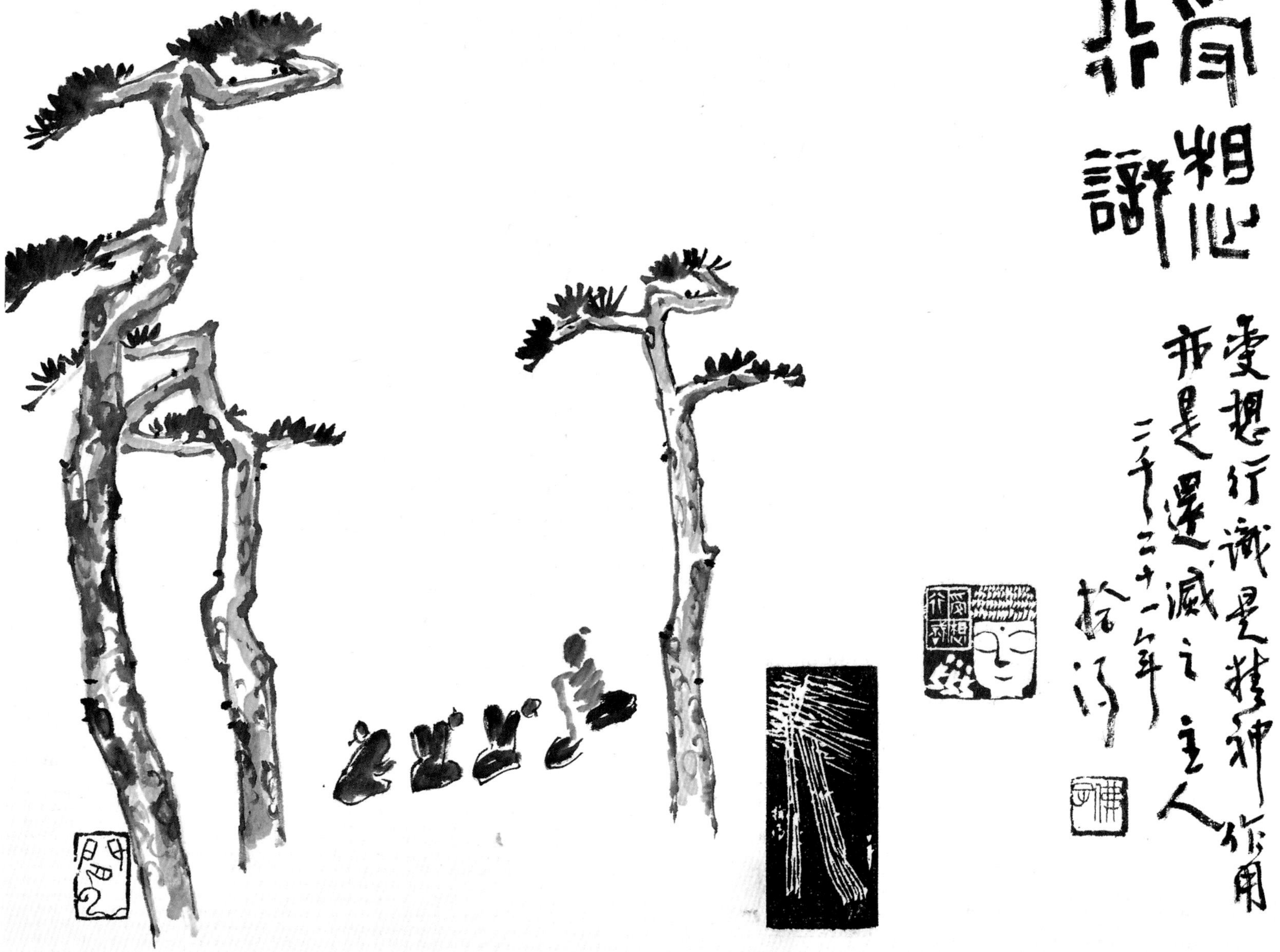
受想行識是精神作用
非是還滅之主人
二千二十一年
拾得

亦復如是

有情之身心皆是　無常苦空無我的　辛丑春　拾得三法印

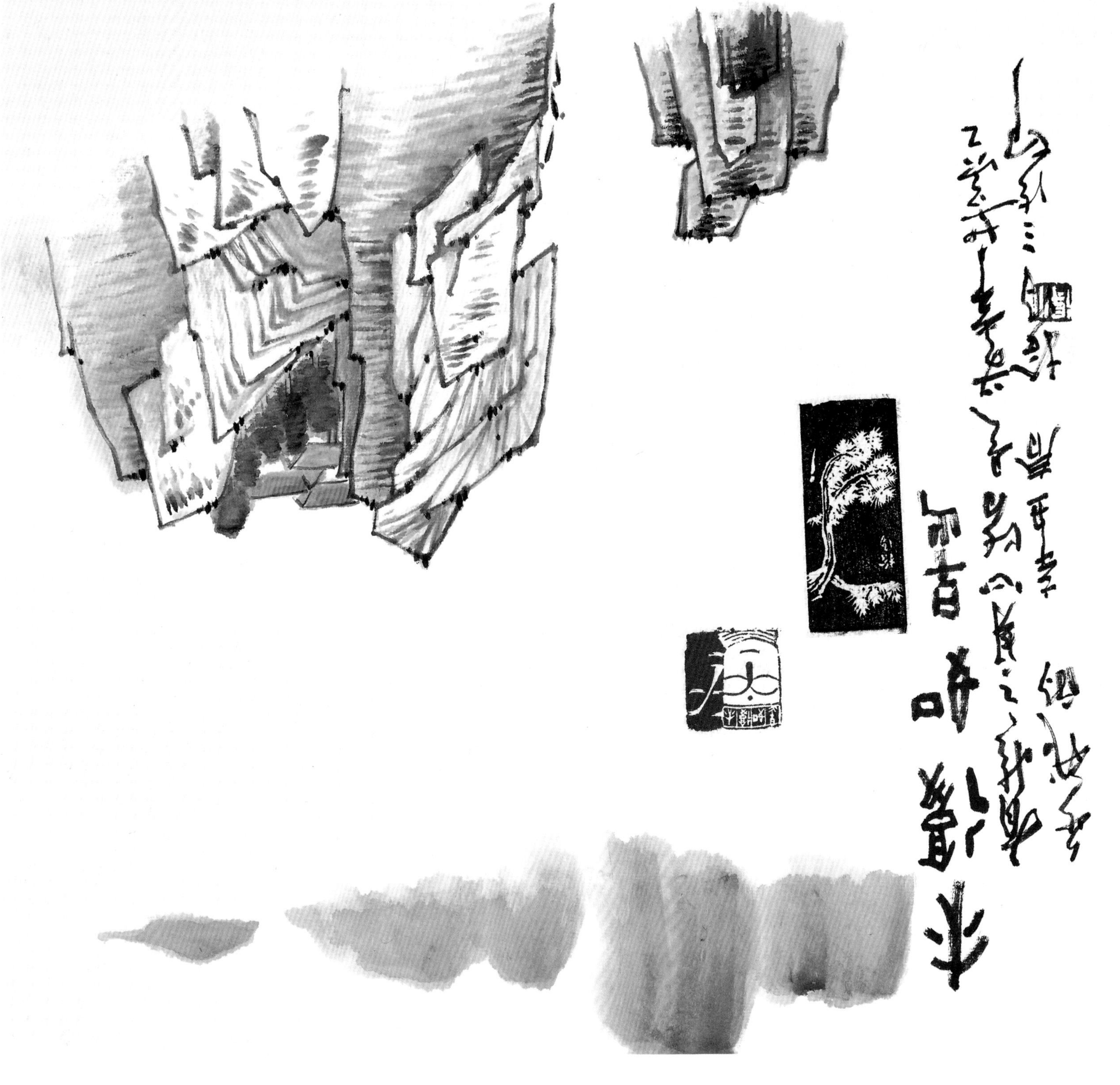

舍利子

舍利弗尊者　二〇二一元月　拾得

舍利弗
舍利弗尊者
二〇二一元月
拾得

是諸法空相

佛陀教導弟子以五根五力禪修　覺知一切皆因緣組成的　拾得記

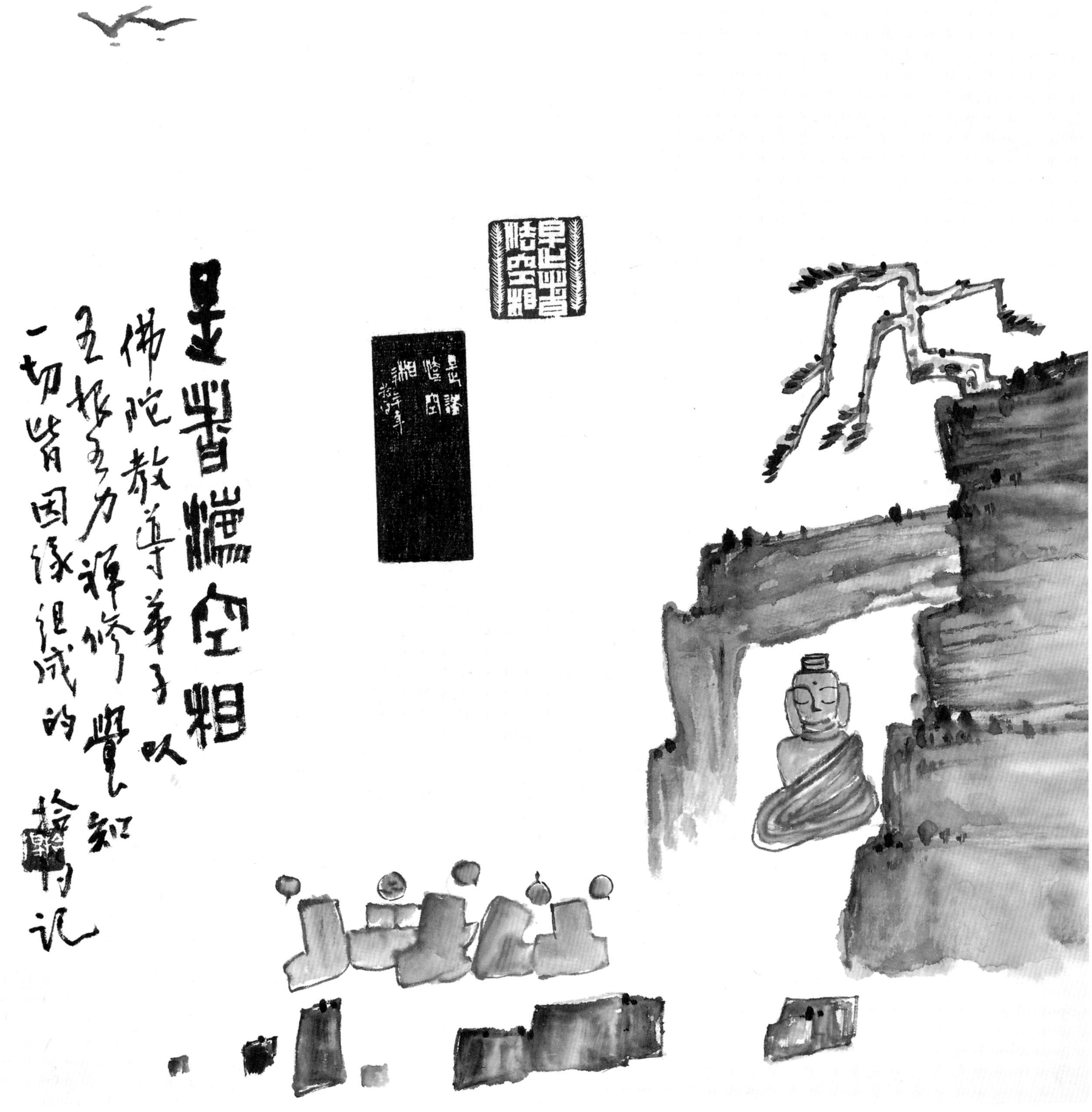
是諸法空相
佛陀教導弟子以五根五力禪修覺知一切皆因緣組成的

不生不滅

萬物生生滅滅　滅滅生生　不可說亦不可得更無可量　二〇二一正月　拾得思之

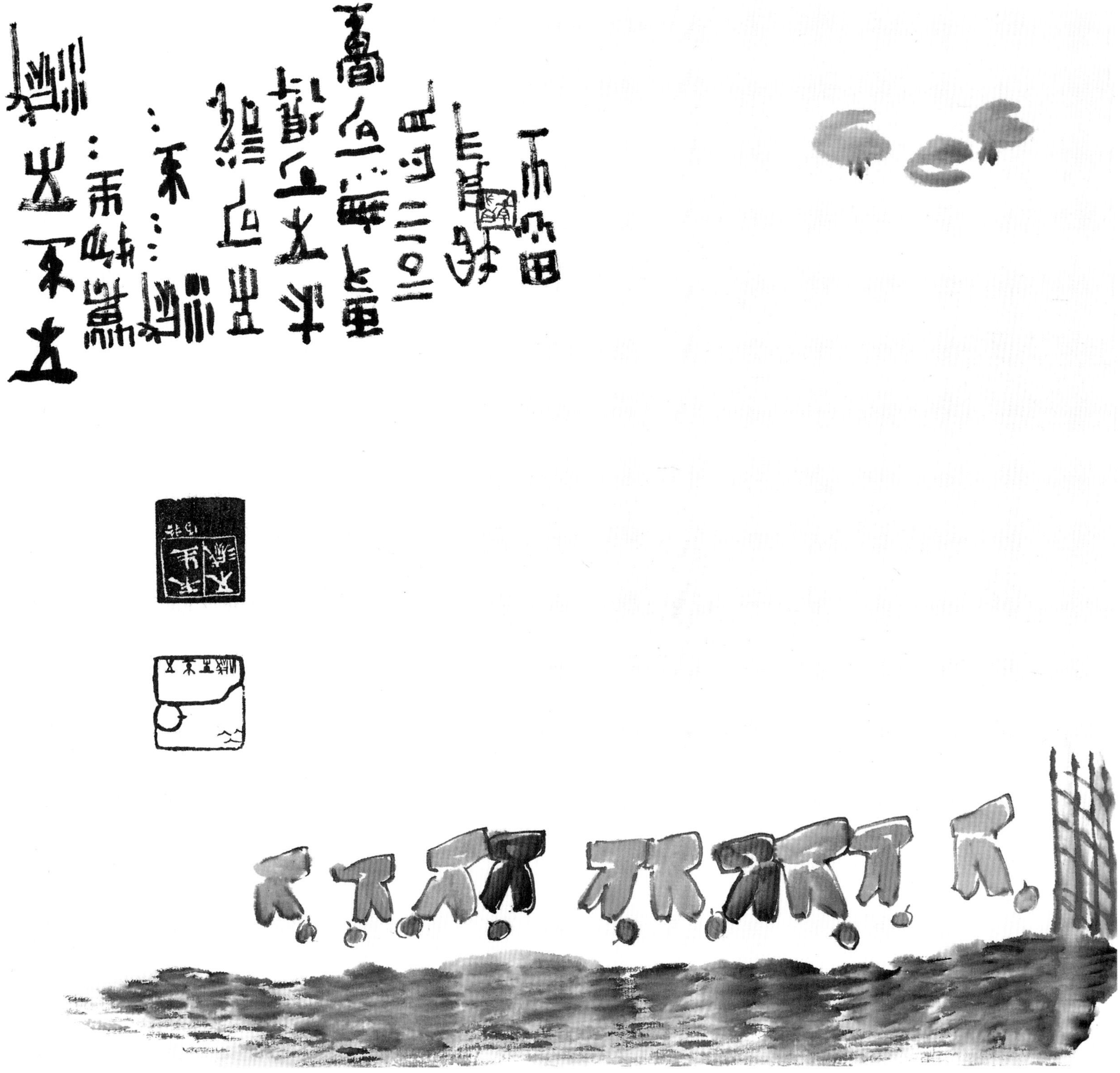

不垢不淨

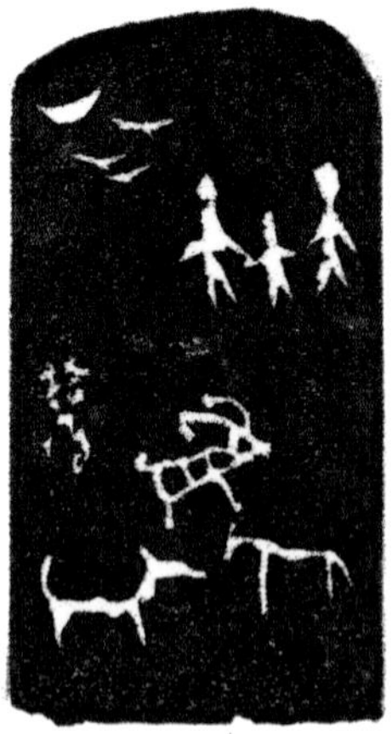

境同心不同或心同境不同　然其法性無垢淨　辛丑　拾得

不增不減

在不斷地生滅當下　生滅沒有增減　二〇二一正月　拾得

不增不減
生不斷地生滅當下
生滅沒有增減
二〇二一三月

是故空中無色

在無為之空寂法中　沒有永遠不變的色法名法　只在生滅滅生中無有生滅　二〇二一元月　拾得

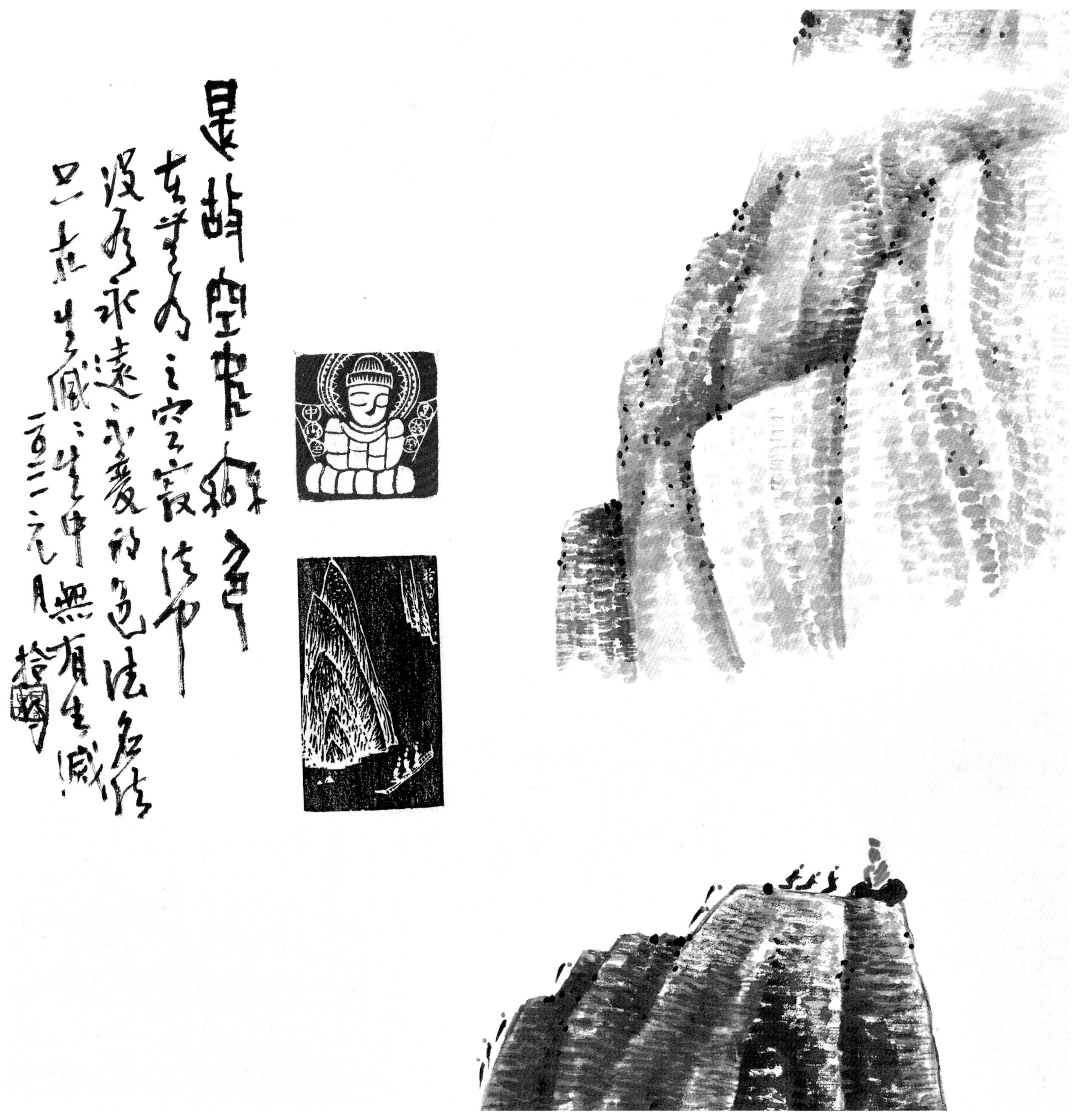
是誰空中縛我
只在生滅生中無有生滅
拾得

無受想行識

念新新念沒有一刻　停留不變　拾得禪修

念念新新點點沒有一刻
停留在變
拾得禪修

無眼耳鼻舌身意

放下六根的執取　得無我空慧　在花開花落　亦復如是三法印　拾得深思

無眼耳鼻舌身意
放下六根的執取得見我空慧
在花開花落間 心淨如是三法印
拾得 淨思

無色聲香味觸法

修習念處　看是看　聽是聽　不分別　不計較　拾得

看是看聽是聽
不分別不計較
拾得

無眼界

心眼透見色境　正念時　只有現量的物質本境　拾得

大眼界
心眼遮見色境
正念時只有現量
的物質本境

乃至無意識界

依根緣境起識　三和合　無有獨立者　拾得

乃至無意識界
依根緣境起識 三和合
無有獨主者

無無明

般若出現如雨過之青山　山既青又明　境淨靜　二千又二十一年春雨後　拾得

亦無無明盡

正念當下　無有無名　故不必去滅除無明　辛丑春　拾得

辛丑春

乃至無老死

拾得造

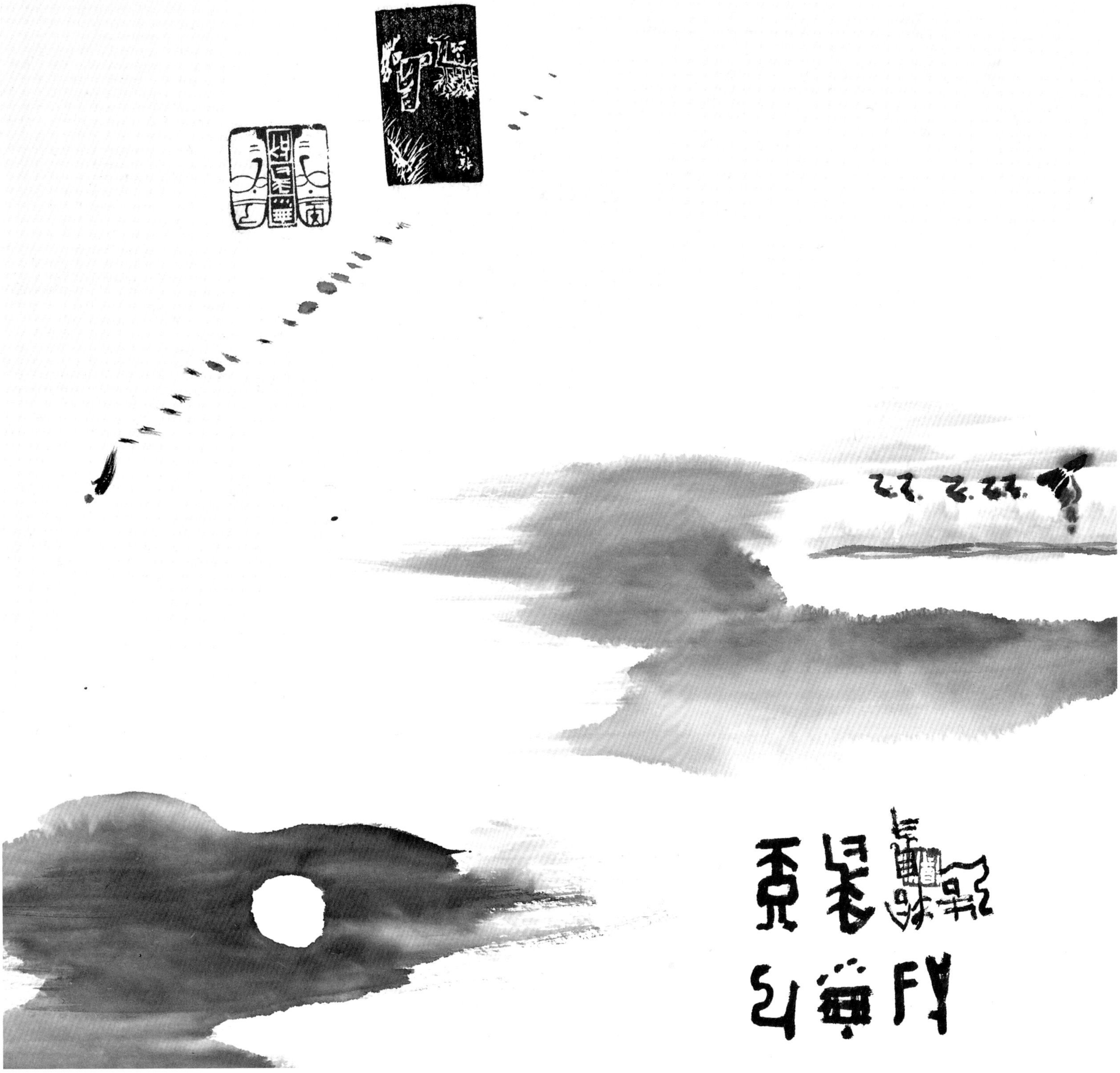

亦無老死盡

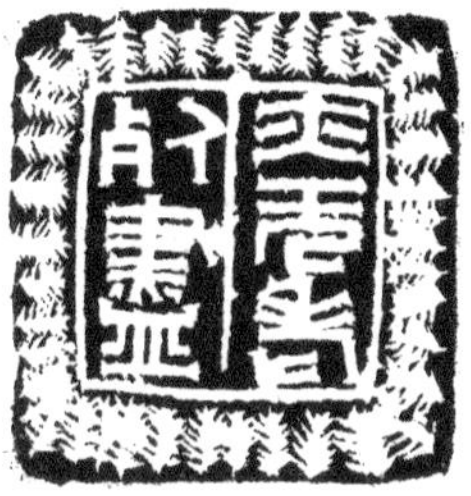

本自空寂　業盡即無老死　二〇二〇冬　拾得

本自空寂
二〇二〇冬

無苦集滅道

止息一切苦　不受輪迴　二〇二〇冬　拾得

無智亦無得

緣起甚深　無有一法可得　辛丑春　拾得禪修行

緣起甚深
辛丑春

以無所得故

以無所得心　深悟一切法本無所得　拾得記

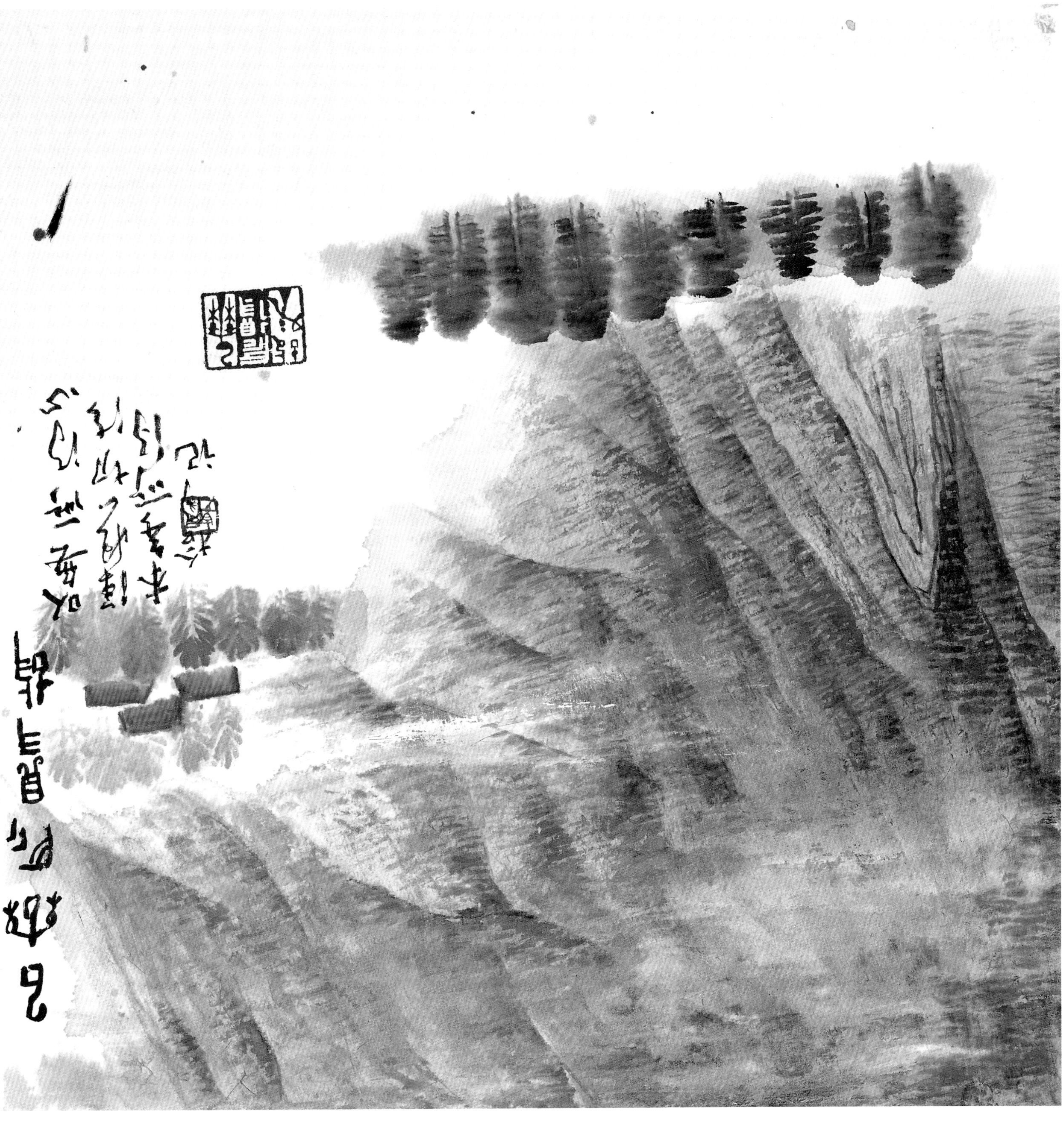

菩提薩埵

有覺悟的人　是自利利他之菩薩　拾得習之

依般若波羅蜜多故

唯有般若　空慧得至彼岸　拾得習之

心無罣礙

名色完全清淨　則無罣礙　二〇二〇冬　拾得

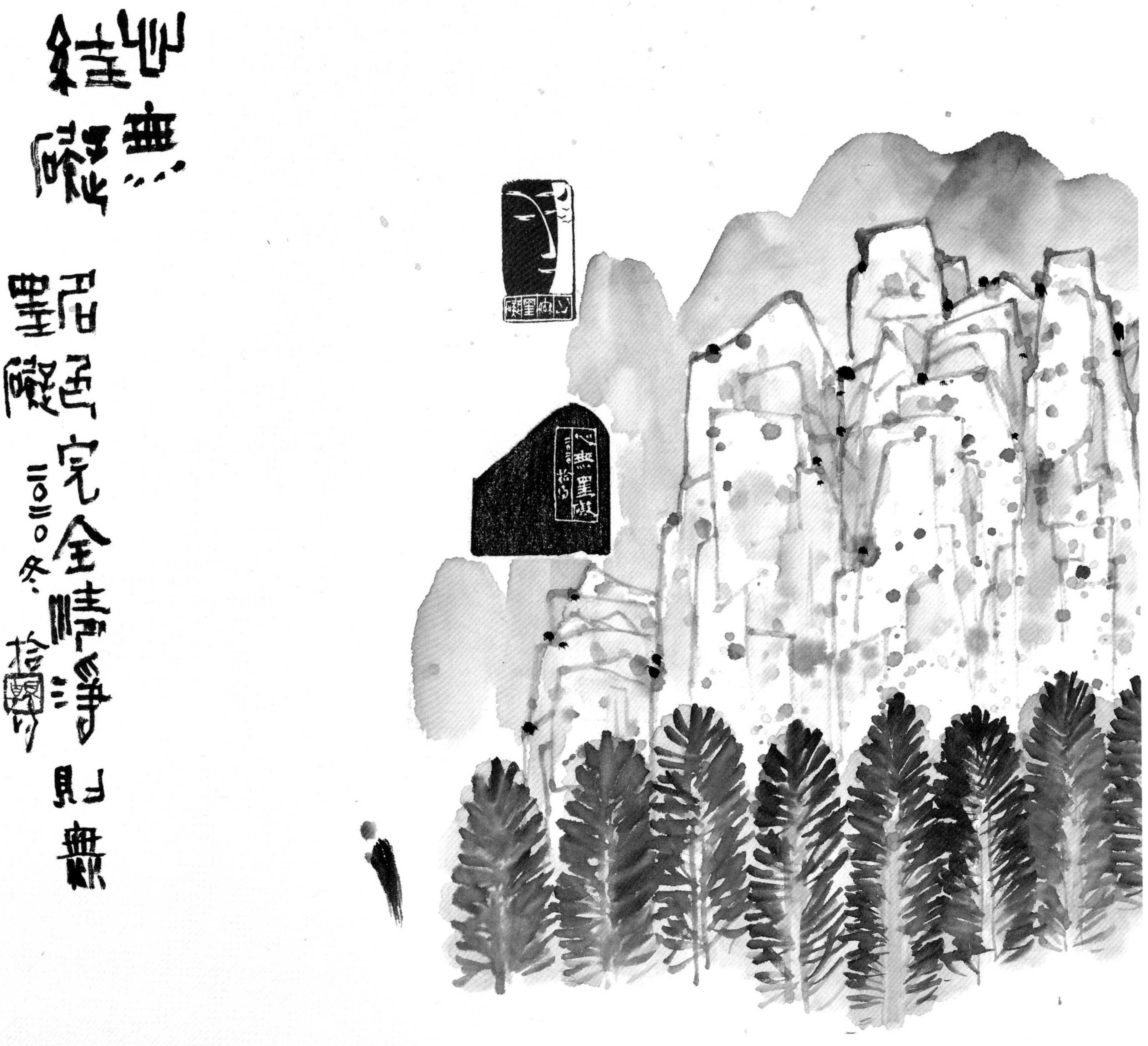
心無罣礙
完全清淨則無罣礙
二〇二〇冬

無有恐怖

初果聖人斷身見　無有恐怖於生死　拾得習之

無有恐怖
初果聖人斷身見無有恐怖
捨生死
拾習之

遠離顛倒夢想

二〇二〇冬　正念無夢　拾得

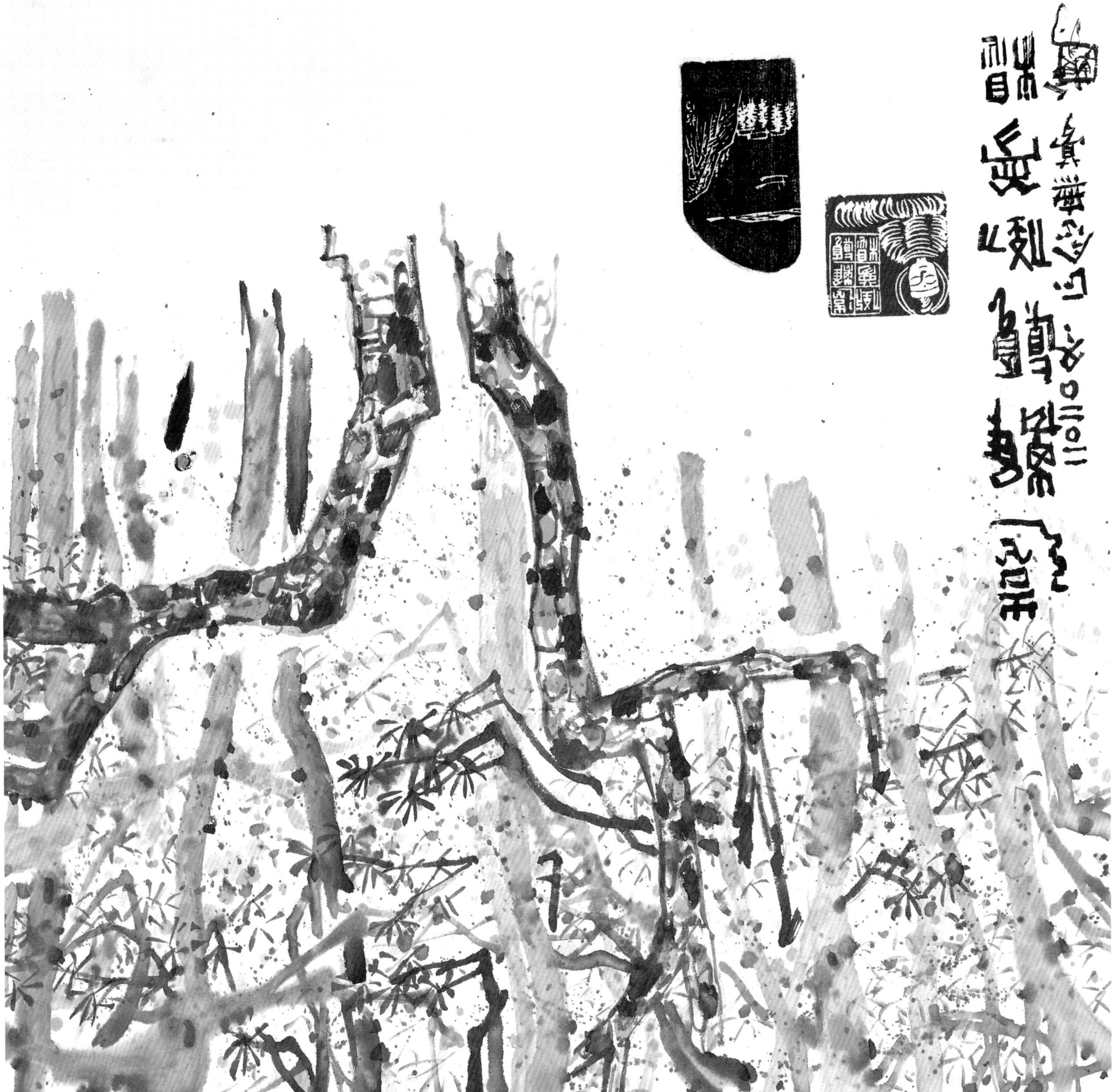

究竟涅槃

止息一切　如火滅盡　永斷生死　二〇二〇冬　拾得

三世諸佛

完全淨化　自利利他為佛　拾得稽首

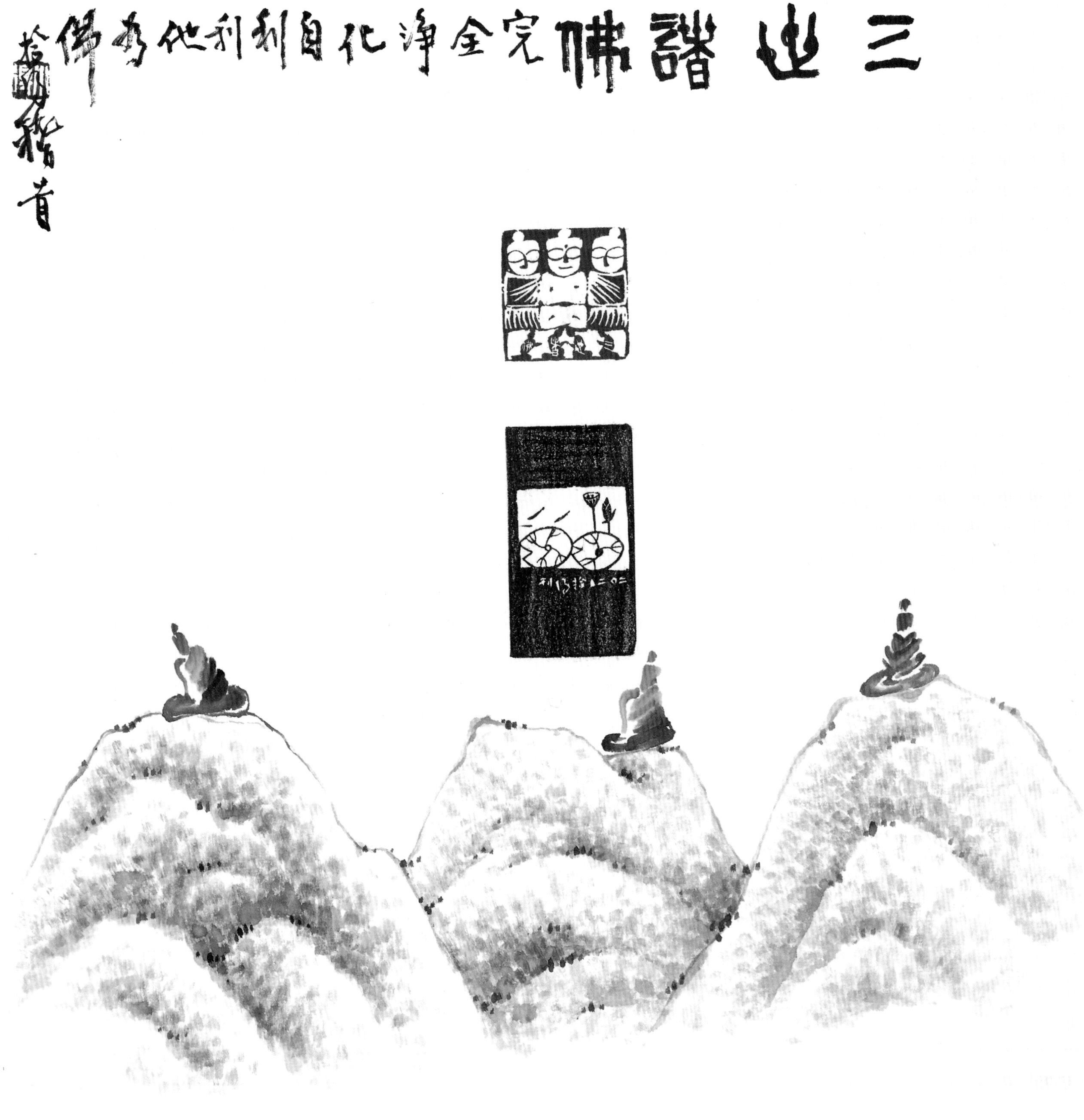
三世諸佛
完全淨化自利利他為佛

依般若波羅蜜多故

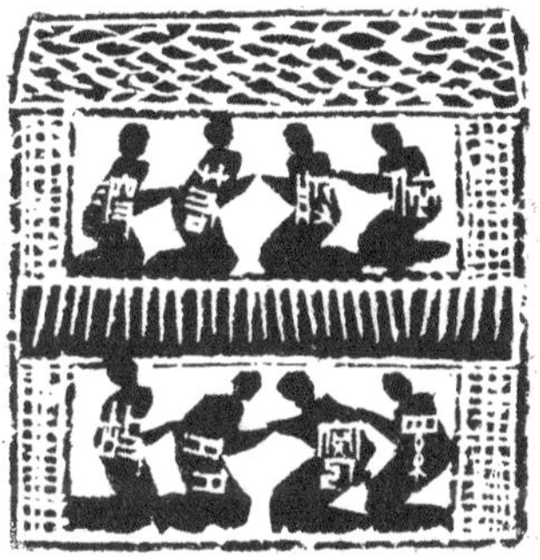

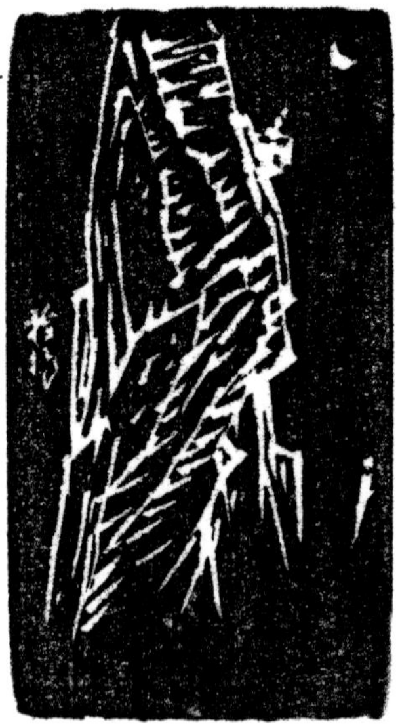

依八正道持續正念正知精進　必能證得般若空慧　拾得恭書造像

依般若波羅蜜多故
依八正道 持續正念 正知精進
必能證得般若之慧

得阿耨多羅三藐三菩提

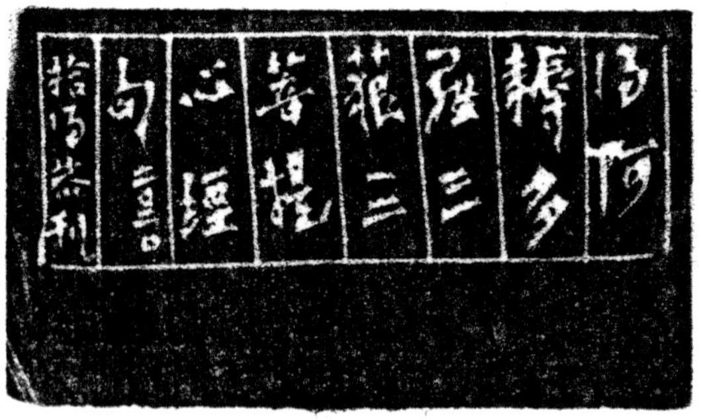

深心入觀四念處　悟三法印究竟得無上正等正覺　拾得合十頂禮

故知般若波羅蜜多

行者乘法舟　依三法印得波羅蜜　淨化身心　辛丑春　拾得

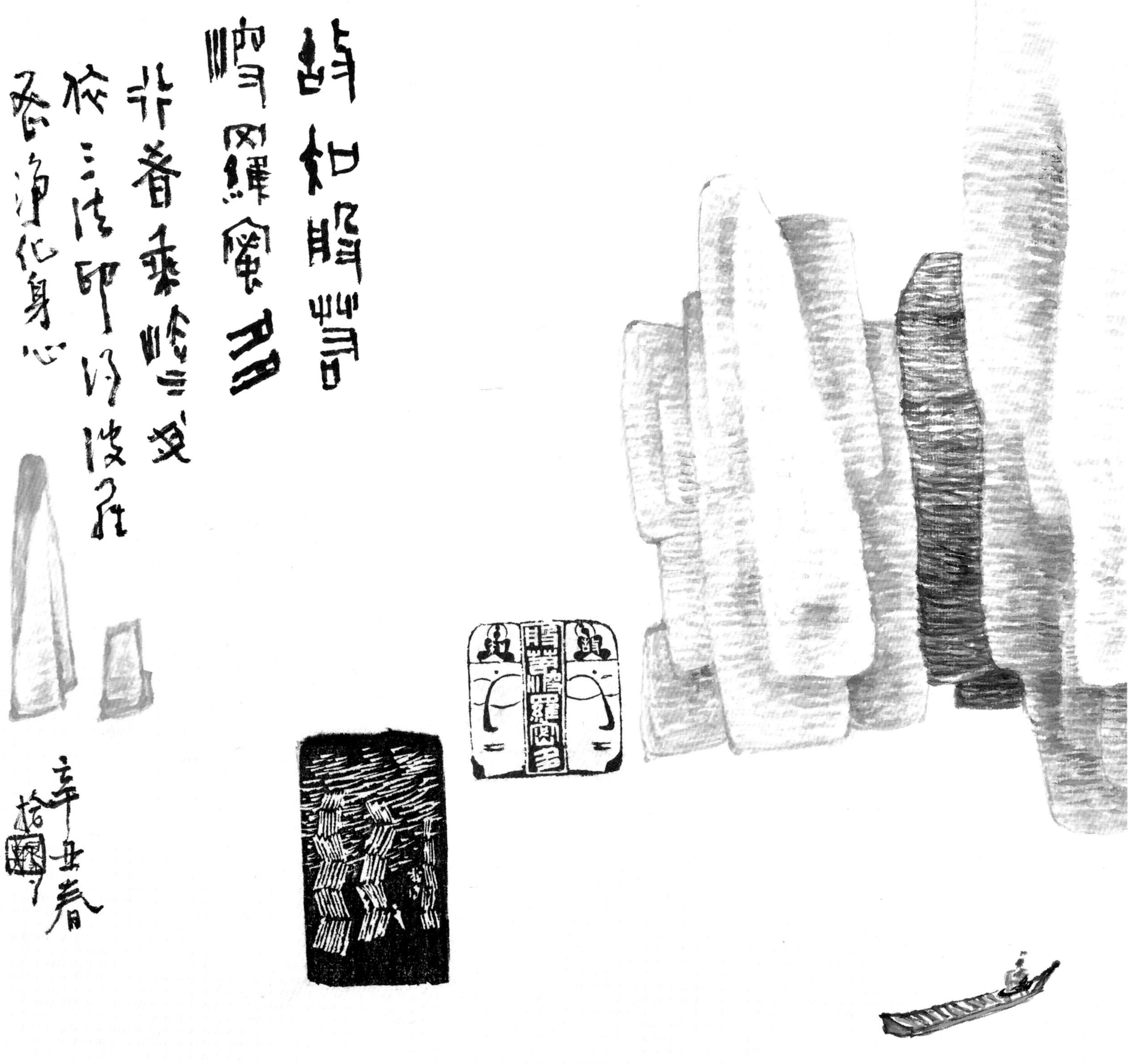
般若智慧
波羅蜜多
辛丑春
般若波羅蜜多

是大神咒

自在神通之力　是戒定慧圓滿之力　二〇二〇冬　拾得

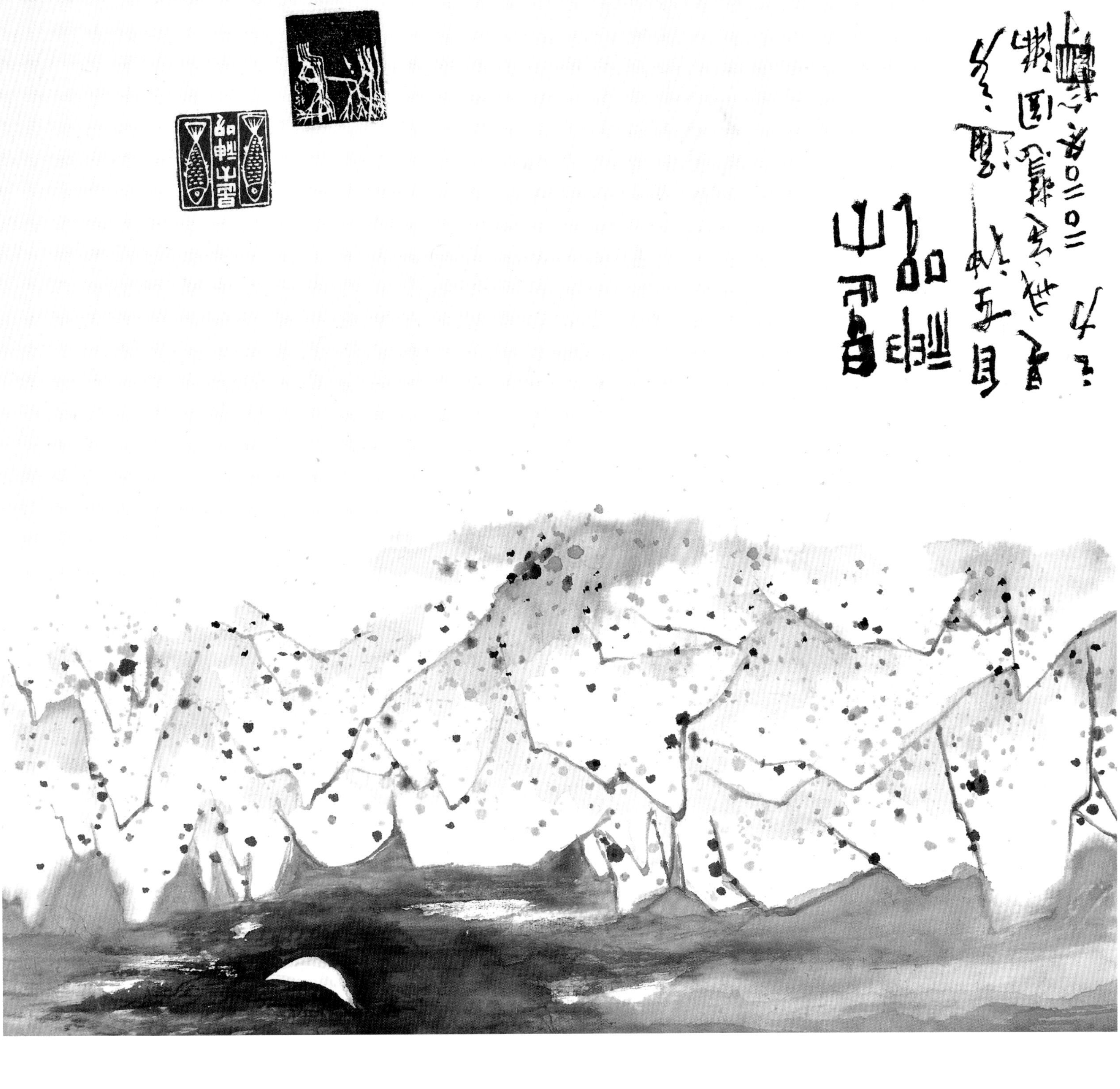

是大明咒

正念禪修　破除無明　得大光明　拾得

是無上咒

般若是無上之慧　拾得合十

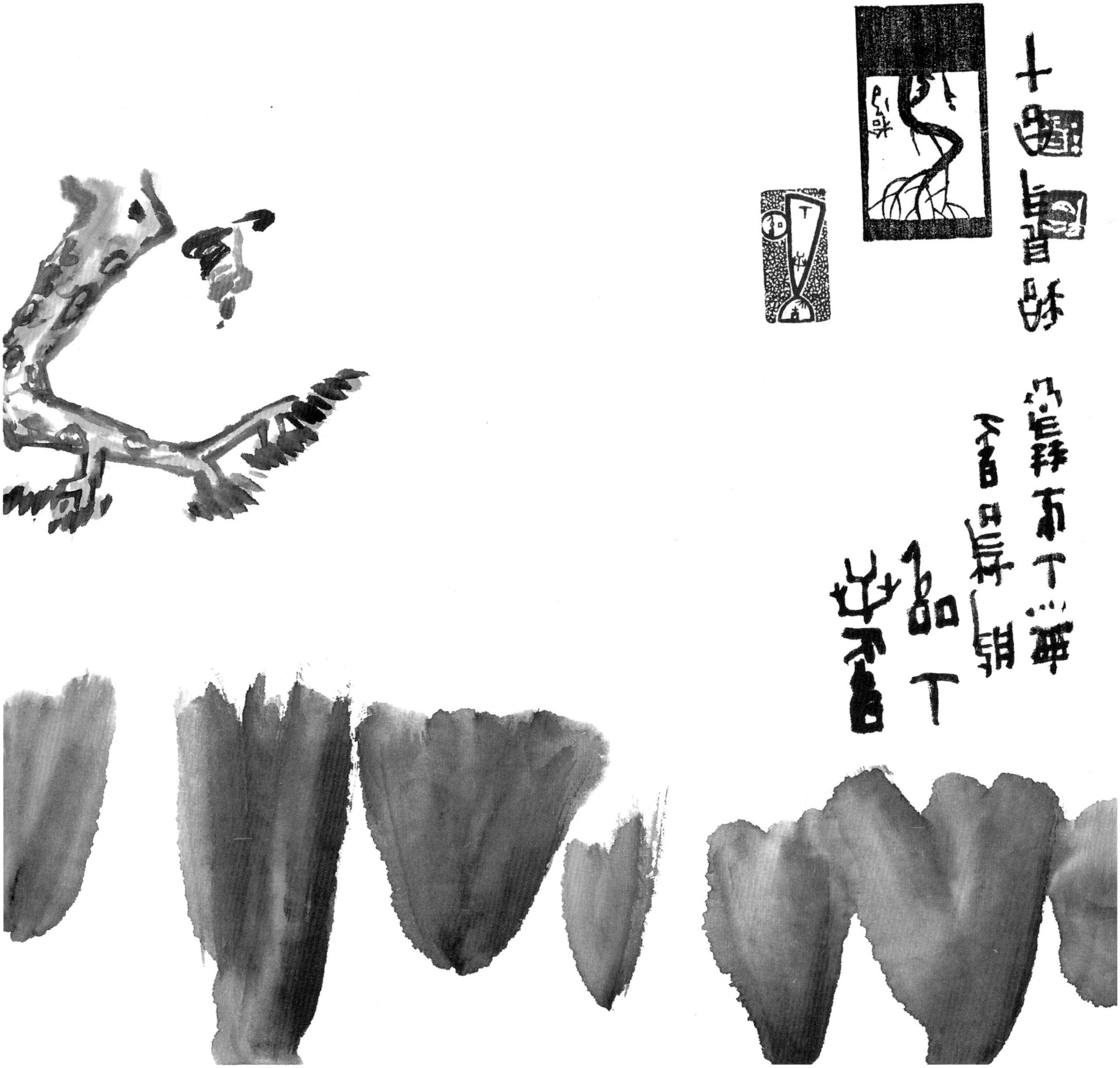

是無等等咒

無上至高　平等之空慧　二〇二一春　拾得

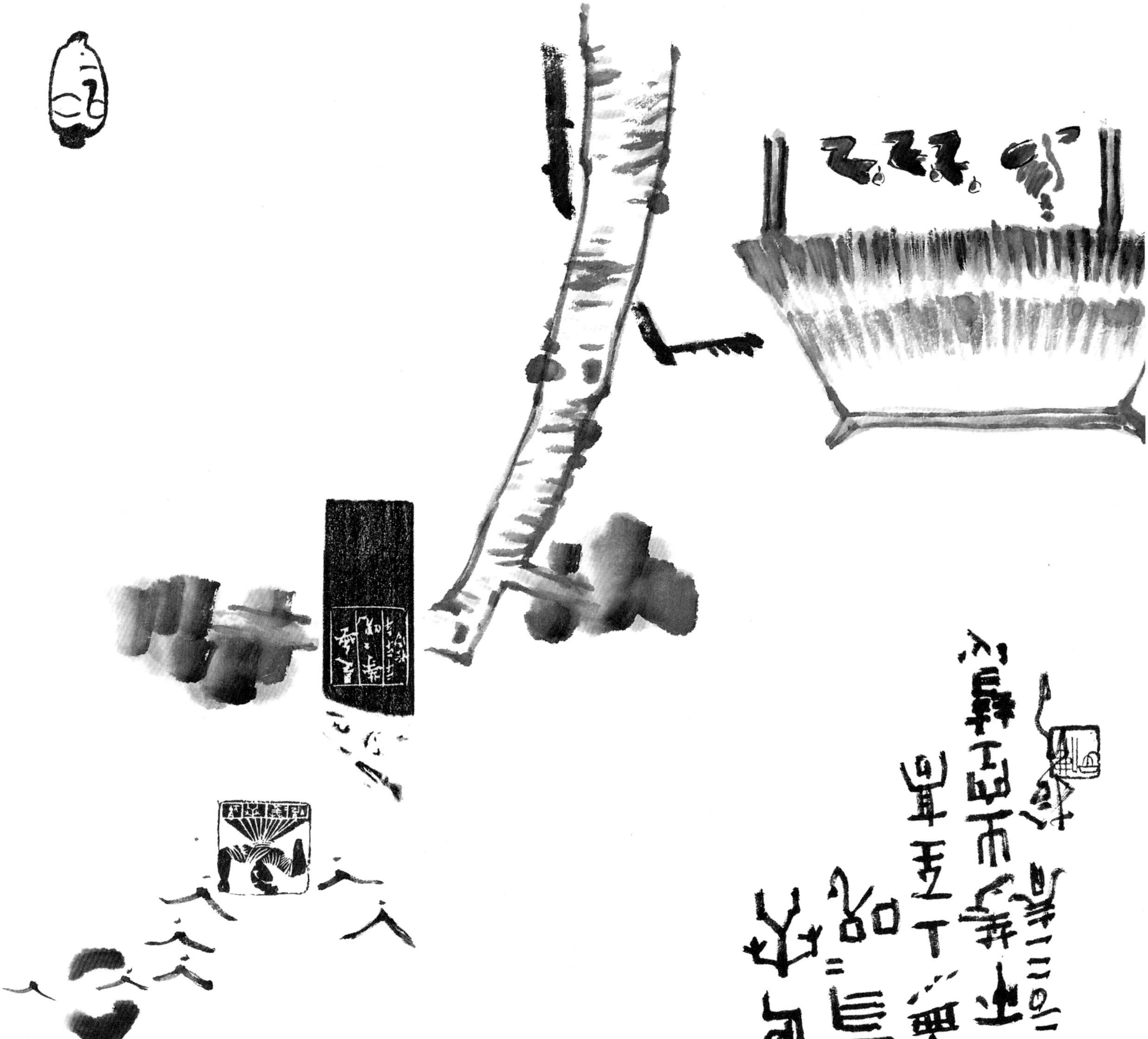

能除一切苦

安住身心當下　能除一切苦　二〇二一正月　拾得

能除
一切苦
信身心當下能除一切苦
二〇二一正月

真實不虛

正觀禪修　照見五蘊皆空是真實觀　拾得稽首

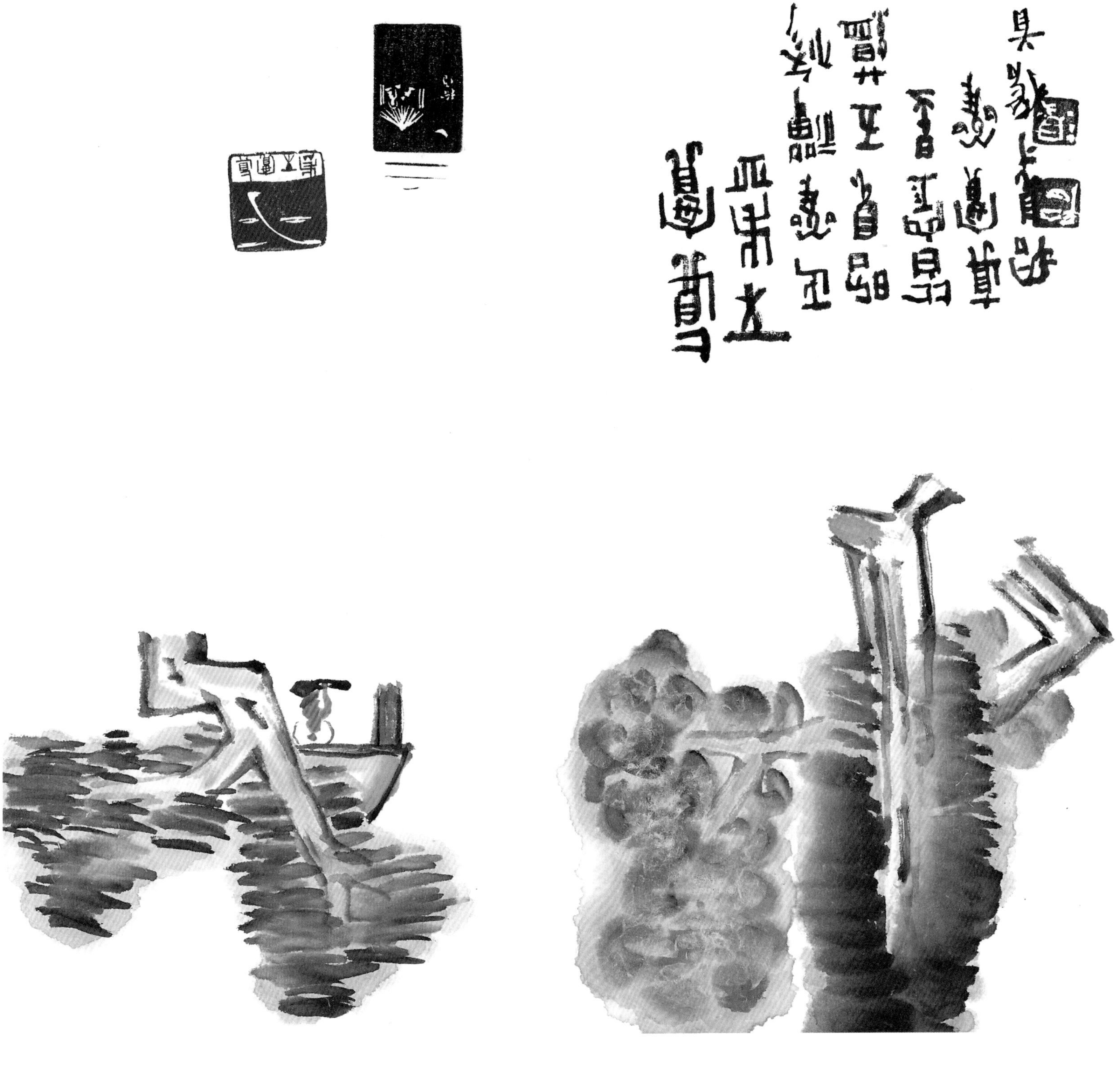

故說般若波羅蜜多咒

般若波羅蜜　是永不變之真理　拾得

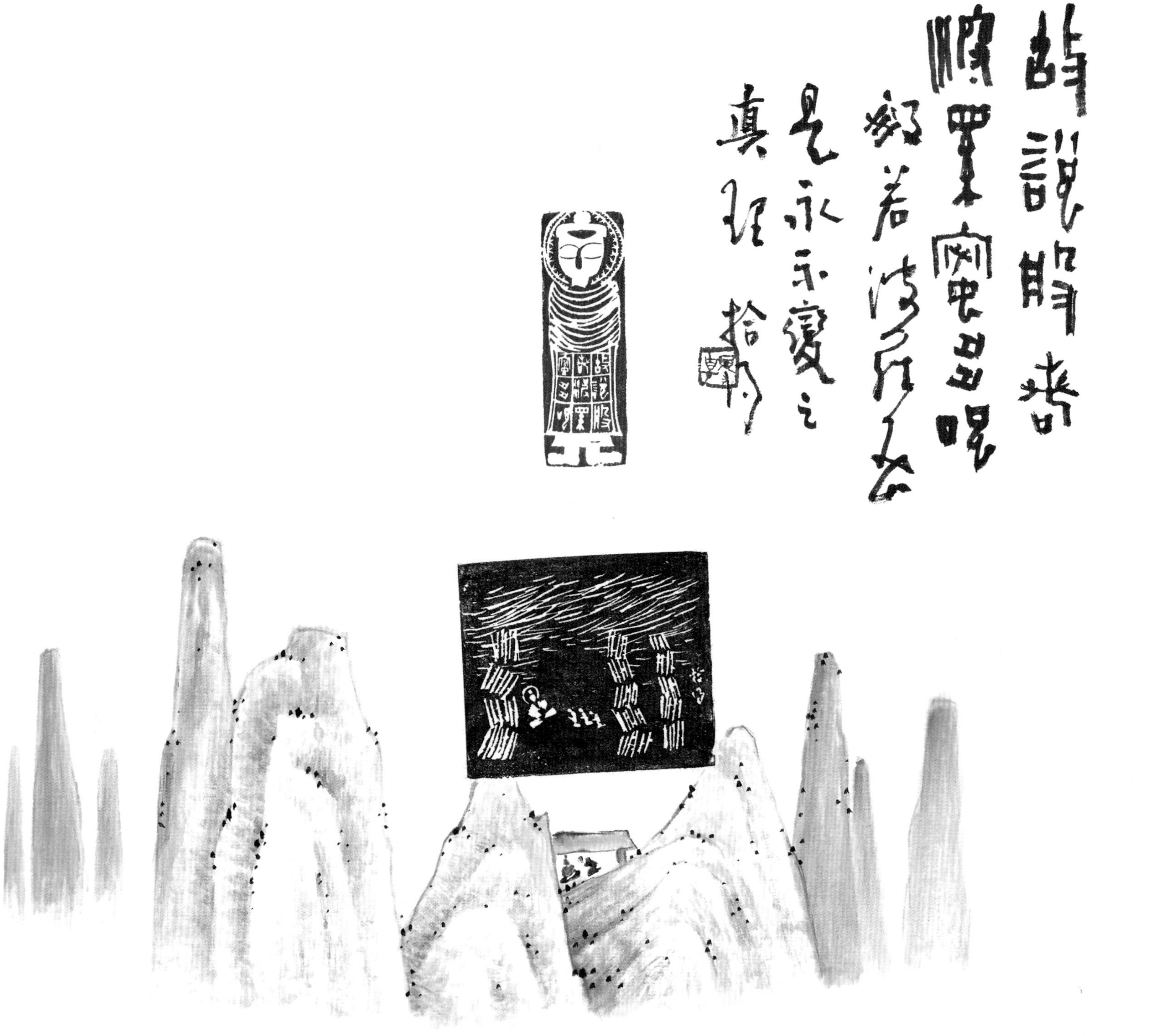
般若波羅蜜
真理
拾得

即說咒曰

依佛所說　日夜精進觀照　必成菩提　拾得禪修

叮嚀
說白
依佛所說
日夜精進 觀照以成菩提

揭諦揭諦

八風不動　定慧自在　身心清淨　拾得

波羅揭諦

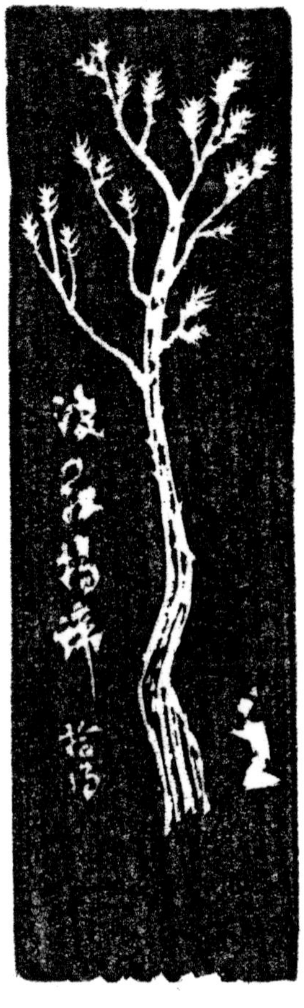

自在出入定境的菩薩　在定中能誦唱梵音救度蒼生　拾得合十

波羅
揭諦
自在入定境的菩薩在定
中他誦唱梵音救度蒼生
拾得 合十
波羅揭諦
拾得

波羅僧揭諦

大家都去　清淨的彼岸吧　二千二十一年春　拾得

波羅僧揭諦
大家都去清淨的彼岸吧
二千二十一年春
拾得

菩提薩婆訶

菩提莎婆訶

佛子拾月恭造心經

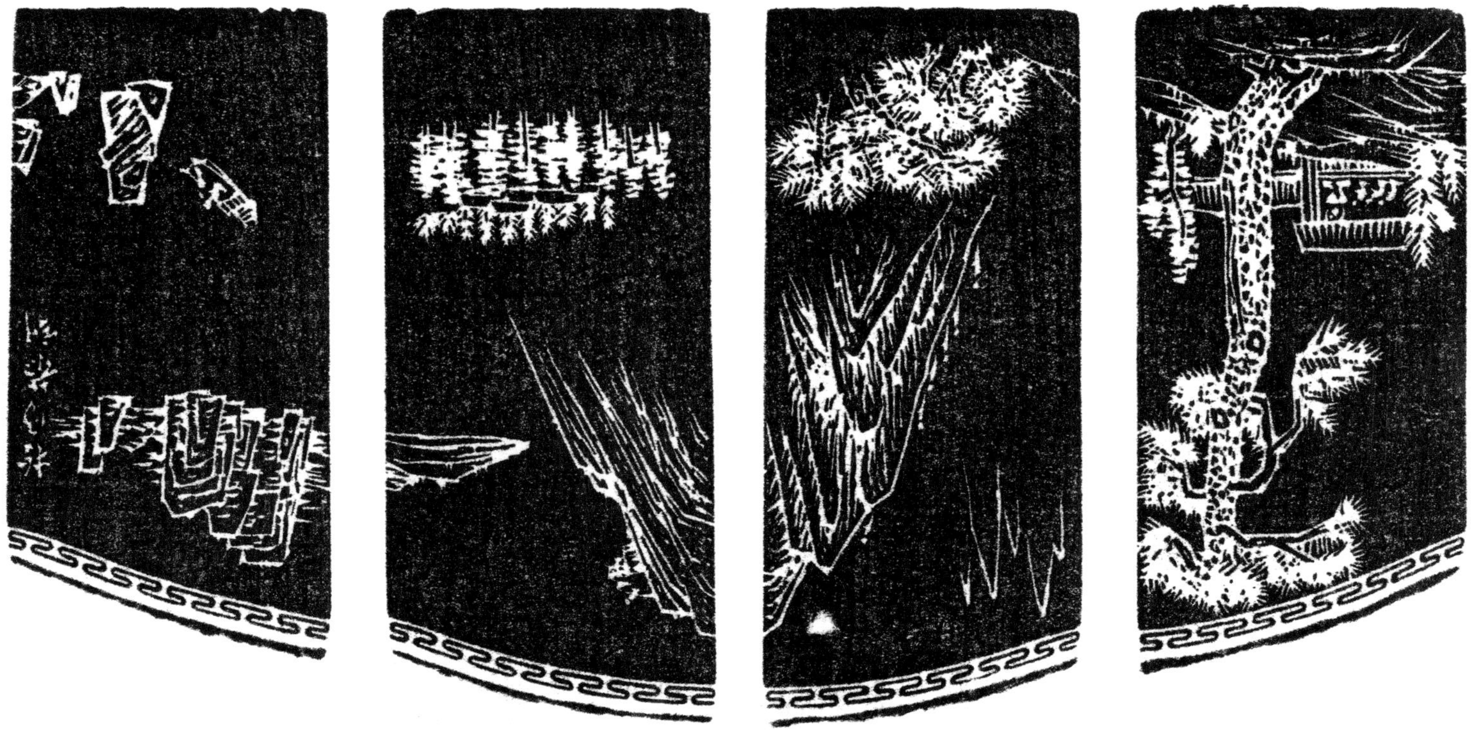

歷時半載方
寸織華鐫刻
以圖彰佛造
像融合之心經
合受以之畫印
三法印繪製
五十二幅成冊
略為記事以經之
大意經變圖
辛丑春 拾遺記

編後記

心的路上　拾得珍寶
拾得法師的
心經三法印經變圖
編印出版於一帙
法師令我作序
答曰：悔悔未敢
有意謙，拾得二位法師
序文在前，悔悔只願
敬陪末座

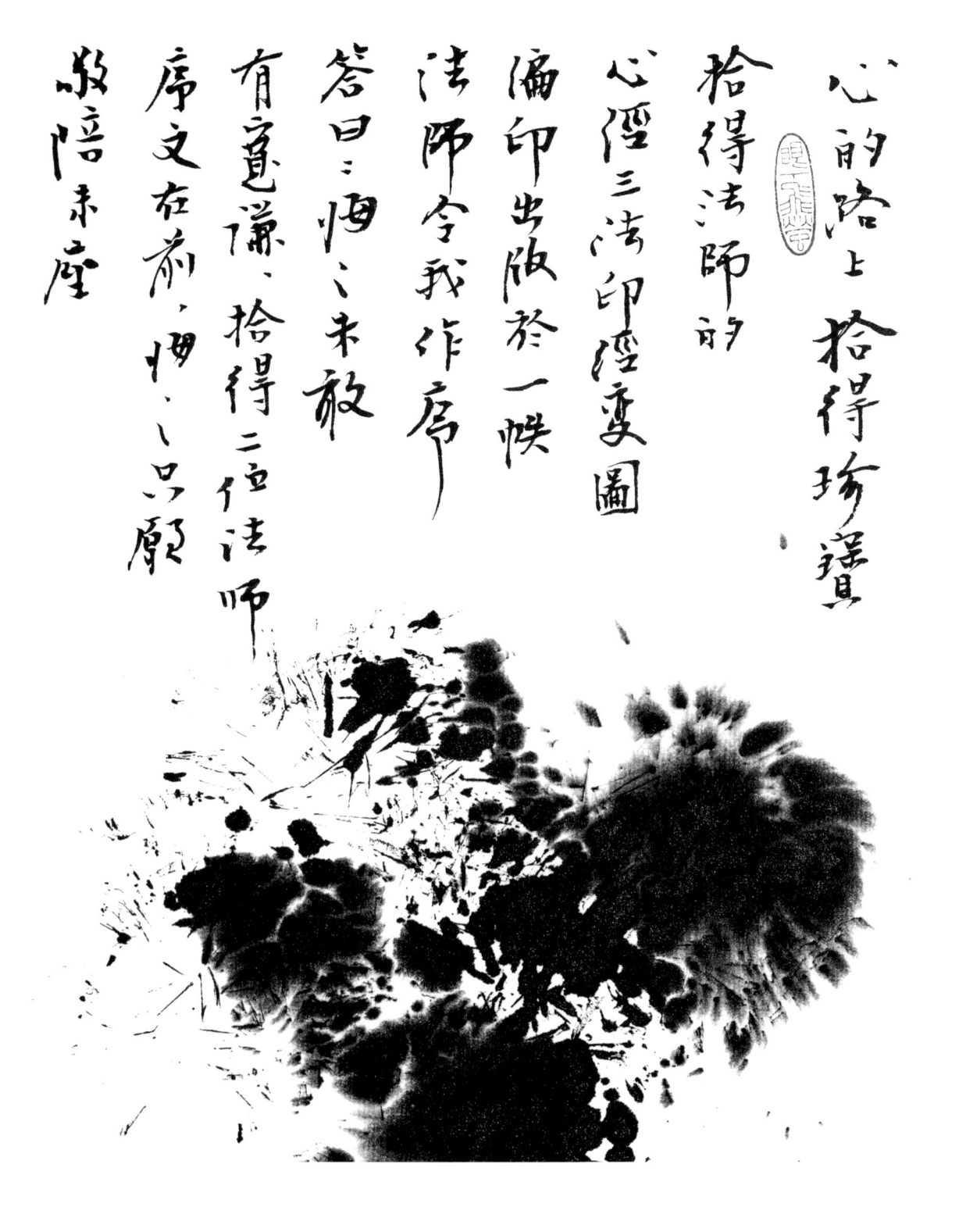

許悔之（詩人、藝術家、有鹿文化社長）

寫此偏後之記

心經，是佛法之總要 經者道也

法師的經變圖及印蛻 正如指月之指

因指見月啊 心經是心的道路

我們游於法師之藝路上 務望無限

先以藝鉤牽 後令入佛智

法師以書畫印供養諸佛菩薩

觀者薰習是法 供養啊莫要虛費草鞋錢

自家寶藏掛胸前

辛丑年歲夏 許悔之 恭敬合掌

書・畫・印

釋拾得

一九五六年生，俗名朱琇嬰，法名釋如撿，號拾得。
國立藝專書法、篆刻第一名畢業；出家後，喜禪修行禪於造化天地間。
更學習弘一大師精神，「由禪入書，以書出禪」。
依書畫印三法印實踐無常、苦、無我三法印。

看世界的方法 202

心經三法印經變圖

書畫印——釋拾得

裝幀設計——吳佳璘
責任編輯——林煜幃

社長——許悔之
總編輯——林煜幃
主編——施彥如
美術編輯——吳佳璘
企劃編輯——魏于婷
行政助理——陳芃妤

董事長——林明燕
副董事長——林良珀
藝術總監——黃寶萍
執行顧問——謝恩仁

策略顧問——黃惠美・郭旭原・郭思敏・郭孟君
顧問——施昇輝・林子敬・謝恩仁・林志隆
法律顧問——國際通商法律事務所
邵瓊慧律師

出版——有鹿文化事業有限公司｜台北市大安區信義路三段106號10樓之4
T. 02-2700-8388｜F. 02-2700-8178｜www.uniqueroute.com
M. service@uniqueroute.com

製版印刷——中茂分色製版印刷事業股份有限公司

總經銷——紅螞蟻圖書有限公司｜台北市內湖區舊宗路二段121巷19號
T. 02-2795-3656｜F. 02-2795-4100｜www.e-redant.com

特別感謝

覺風佛教藝術文化基金會
秀傳醫療社團法人秀傳紀念醫院
黃靖雅女士

國家圖書館出版品預行編目（CIP）資料

心經三法印經變圖 ・ 拾得法師
一初版・一 臺北市：有鹿文化事業有限公司，
2021.11，面；公分 ──（看世界的方法；202）
ISBN 978-986-06823-7-3（精裝）
1. 佛教美術 2. 印譜 3. 書畫 4. 作品集

224.52　110015861

ISBN——978-986-06823-7-3
初版——2021年11月

定價——1000元